TIEMPOS INCIERTOS
"EL GRAN CAMBIO"

Una guía para un Cambio impredecible

Juan Ferrer

TIEMPOS INCIERTOS. EL GRAN CAMBIO

Reservados todos los derechos. No se permite la reproducción total o parcial de esta obra, ni su incorporación a un sistema informático, ni su transmisión en cualquier forma o por cualquier medio (electrónico, mecánico, fotocopia, grabación u otros) sin autorización previa y por escrito de los titulares del copyright. La infracción de dichos derechos puede constituir un delito contra la propiedad intelectual.

Edición: Autoedición

© Juan Ferrer, 2020

ÍNDICE

INTRODUCCIÓN 9

CAPÍTULO UNO
GLOBALIZACIÓN - DESGLOBALIZACIÓN 13
   El efecto mariposa 18
   Dependencia 21
   Reglas y valores 24
   Ganadores y perdedores 26
   La desglobalización 34
   Gobernanza global 36

CAPÍTULO DOS
EL TRABAJO EN EL FUTURO 39
   Tecnología, robots, y digitalización 42
   Las nuevas profesiones 48
   Empleado o autónomo 50
   El talento 53
   Oportunidades 54
   El teletrabajo 56
   Reinventarse o reciclarse 59

CAPÍTULO TRES
LA NUEVA ECONOMÍA 61
   Economía digital 63
   Economía circular 65
   Economía colaborativa 67
   Economía sostenible 69
   Economía real 71
   Economía financiera 72
   La deuda 75

Los cárteles	78
Producción y consumo	81
Las crisis	85
Las desigualdades	86
Los paraísos fiscales	91

CAPÍTULO CUATRO
LA OTRA POLITÍCA 93

Bipartidismo - multipartidismo	94
Líderes	97
La buena política	99
La mala política	101
El populismo	103
Izquierdas - derechas	106
El peso del Estado	110

CAPÍTULO CINCO
LA DEMOGRAFÍA 113

Los Juniors	118
Los Seniors	122
Tendencias	126

CAPÍTULO SEIS
LAS CRISIS 129

Breve historia	132
Las causas	135
Las consecuencias	136
La salida	138

CONCLUSIÓN
"REINVENTARSE" 143

*Dedicado a mis padres,
dos buenas personas
y a mis dos hijos,
Isabel y Pablo.*

INTRODUCCIÓN

*"La vida es como un barco sin gobierno
en medio de una tormenta".
(Pio Baroja, tetralogía del mar)*

Este libro trata sobre El Cambio en general que se está produciendo en la sociedad desde mediados del siglo XX y principios del siglo XXI, actualmente y en un futuro próximo, y que está influyendo en todos los estamentos de la vida social y a nivel personal; y que nos obliga a replantearnos constantemente nuestras ideas, nuestros hábitos, nuestros trabajos, nuestras relaciones sociales y nuestras costumbres. En definitiva, nos obliga a reinventarnos cada día si no queremos quedar relegados y al margen de la sociedad y de nosotros mismos.

Hasta mediados del siglo XX prácticamente casi todo era bastante fijo y estable; las instituciones, las creencias, la religión, y sobre todo el trabajo y las profesiones; desde hace varios siglos el hijo del panadero sería panadero, el hijo del carpintero sería carpintero y el hijo del herrero sería herrero o el hijo del médico sería médico. Desde finales de los años 60 del siglo pasado se han producido tantos cambios y tan acelerados que tanto la sociedad como las personas han tenido dificultades para digerirlos e ir adaptándose paulatinamente a un Cambio permanente y acelerado, provocando cambios radicales y disruptivos tanto en la sociedad como en las personas. Esto conlleva una transformación en la forma de pensar y más importante aún en las actitudes, en las costumbres de la gente y en sus comportamientos.

Todos hemos visto u oído en la televisión o en el teléfono móvil diariamente el pronóstico del tiempo que hará en los próximos días o incluso semanas con un grado de acierto bastante elevado debido al desarrollo de la tecnología predictiva basada en modelos matemáticos y aplicada casi de forma rutinaria. Y lo hacemos esencialmente por esa necesidad del ser humano de conocer lo que nos depara el futuro para calmar por un lado, nuestra angustia vital, y por otro, con el fin de estar mejor preparados para lo que estos futuros cambios puedan afectar a nuestros negocios o empresas, a nuestros agricultores, a nuestros planes de viaje o aún nuestros hábitos, en definitiva a nuestras vidas; en el fondo lo hacemos, para satisfacer esa necesidad ancestral del ser humano de seguridad, que al final, no es más que el instinto inconsciente de supervivencia.

Dicho esto, el hombre desde sus orígenes ha tenido que lidiar siempre con los elementos externos y fortuitos que la naturaleza le ha ido presentando continuamente de diversas formas, desde una tormenta, un terremoto, una guerra, una plaga, una pandemia, la erupción de un volcán o la agresión de un animal salvaje; o aún, el cambio climático a través de las distintas épocas de la historia. El ser humano ha sido capaz de lidiar y vencer en múltiples ocasiones todos estos cambios y eventos aleatorios acaecidos desde sus orígenes en la tierra. Lo cual demuestra la enorme capacidad de resistencia (resiliencia) que poseen los humanos de un lado, y de otro, reafirma, esa necesidad innata de seguridad a la que tienden los hombres, precisamente para paliar en gran medida las consecuencias, generalmente adversas de estos acontecimientos y que pondrían en peligro su propia supervivencia.

En el transcurso de nuestras vidas ocurrirán acontecimientos de todo tipo, unos previstos y otros imprevistos que van a influir e incluso cambiar su rumbo de forma importante. Dentro de los acontecimientos previstos pueden estar el planificar unas vacaciones, terminar los estudios, conseguir un trabajo etc... y esta clase de eventos, aunque influyen en nuestras vidas, raramente lo hacen de forma determinante pues al haberlos previsto y planificado sabemos con bastante certeza cuales serán sus consecuencias. Sin embargo, de vez en cuando y a lo largo de la vida ocurren eventos inesperados, imprevistos, que influyen y cambian de forma radical el curso de nuestras vidas; ocurre cuando se desata una guerra cuyo final es siempre incierto, o una catástrofe natural, una gran recesión, una enfermedad grave, o una muerte accidental... o como decía el escritor Nassim Taleb cuando aparece "Un cisne negro" refiriéndose a la última gran crisis económica ocurrida en 2008. La vida, no siempre va hacia delante, algunas veces va hacia atrás.

Es para este tipo de eventos últimos para los que habría que estar mejor preparados, si no de forma física, pues son imprevisibles, sí de forma mental y de actitud, de manera que cuando sucedan no nos cojan desprevenidos con las graves consecuencias que se derivan, como se ha visto recientemente con la crisis del Covid-19 en todo el mundo. A pesar de ello, ¿porqué ha habido países que lo han superado mejor que otros? ...hay tres palabras clave en gestión de empresas que se llaman Anticipación, Planificación y Gestión. Un ejemplo de ello han sido países como Corea del Sur, Taiwán, Nueva Zelanda y Australia. Este es el ejemplo más reciente del que disponemos, pero a lo largo de los distintos capítulos del libro intentaremos explicar en la medida de lo posible porqué se producen estos Eventos excepcionales, ya que casi siempre hay "avisos" o "indicios razonables premonitorios", tal como se emplea en la justicia para probar un hecho, y qué consecuencias tienen en nuestras vidas.

El libro tiene varios capítulos que tratan sobre el Cambio y los cambios que se están produciendo en la Globalización, en el trabajo, en la economía, el progreso tecnológico, la digitalización, la robótica, el teletrabajo, los Jóvenes y su futuro, los cambios demográficos y los seniors, las nuevas formas de relaciones sociales, las nuevas profesiones, las nuevas formas de hacer política... en definitiva, la palabra clave es el Cambio y cómo nos obliga a repensar y a replantearnos nuestras vidas de cara al futuro. Como he dicho, esto implica un cambio de mentalidad y de actitudes en las personas; estamos ante un nuevo paradigma: "Nada es estable y todo cambia", y el objetivo de este libro es ayudar a comprender y a ver con más claridad lo qué está ocurriendo en la sociedad con el fin de que pueda servir a mucha gente a cambiar de mentalidad y la forma de ver las cosas y a poner un poco de luz ante las futuras amenazas que representan estos cambios y cómo pueden afectar a sus vidas en estos momentos y en el futuro; sobre todo a aquellos que creen que las cosas no cambian, que todo sigue igual, que la mayor seguridad y estabilidad es ser funcionario, o mantener su puesto de trabajo, y también los que piensan que su estatus actual será duradero y para siempre. Este no es un libro de entretenimiento ni siquiera educativo, este es un libro de información y de conocimiento; este libro va de "Cambios" de "Avisos", de "Indicios" de "Amenazas" de "Actitudes" de "Planificación" y de "Gestión en la incertidumbre". Las únicas dos cosas seguras en esta vida son: la Muerte y el CAMBIO; y lo mejor será estar preparados para ello.

A lo largo de los próximos capítulos intentaremos explicar buena parte de lo que está ocurriendo y ayudar y aconsejar en la medida de lo posible cómo estar mejor preparados y salir lo mejor parados de esas circunstancias. Los cambios tratados en el libro ya estaban en marcha mucho antes de que llegara la pandemia. Lo que ha hecho ésta es acelerarlos, como ha ocurrido con el teletrabajo y el comercio electrónico.

CAPÍTULO UNO

GLOBALIZACIÓN - DESGLOBALIZACIÓN

El fenómeno de la Globalización no es nuevo y lleva más de cinco mil años entre nosotros. Cuando los asirios exportaban sus excedentes de trigo y tejidos de las cuencas del Tigris y el Eufrates y los intercambiaban por el cobre salido de las montañas del Sinaí ya se hacía alguna forma de Globalización hace miles de años. Y cuando Marco Polo viajaba a China en busca de la preciada seda para traerla a la mayoría de las Cortes europeas donde era muy apreciada, dando así un nuevo impulso a la "Ruta de la Seda" en la que ya comerciaban Roma con China desde el siglo I, también era una forma de Globalización en la que el punto de origen era el intercambio de mercaderías y de paso se producía un intercambio social y cultural que en el fondo fue el origen de lo que hoy llamamos el Comercio Internacional y más recientemente la Globalización. Como decía Adam Smith, el hombre posee una "propensión natural a comerciar, hacer trueques e intercambiar unas cosas por otras".

Hoy en día, la Globalización es un hecho totalmente consolidado y aceptado por todo el mundo como un proceso constante y permanente de libre intercambio de mercancías, capitales, servicios y personas entre todos los países del mundo. Este proceso se viene impulsando y acelerando desde hace más de tres mil años, pero es sobre todo, desde mediados del siglo pasado con la caída de los muros de muchos países, el abaratamiento de los costes del transporte internacional y con la drástica bajada y en muchos casos la supresión de la mayoría de las barreras arancelarias en los países, cuya finalidad no ha sido otra a través de la historia que el de proteger las propias fronteras y los productos nacionales, que se ha producido una aceleración vertiginosa en el tiempo y en el espacio... Los muros han caído y las sociedades se han hecho más abiertas impulsadas por el fenómeno de Internet y el crecimiento exponencial de la conectividad alrededor del mundo.

Actualmente la Globalización ha adquirido otra dimensión más amplia y rica que el mero intercambio de mercancías como era en su origen, y ha pasado a ser un fenómeno global que influye diariamente y en ocasiones de forma importante en la vida de la mayoría de las personas en todo el mundo. La Globalización hoy se caracteriza en primer lugar por la integración de la mayoría de los países en un único mercado físico y virtual a través de Internet y en segundo lugar, por la conectividad casi instantánea que acelera la interacción entre las personas y los países de distintas regiones del mundo.

Hace sólo unos cientos de años llevar una mercancía de un país a otro podía suponer meses o años con el consiguiente riesgo y los altos costes de transporte que esto suponía para la entrega de esas mercancías, cuando en muchas ocasiones se perdían o eran robadas por el camino. Hoy, sin embargo, las mismas mercancías pueden ser transportadas de un país a otro a miles de kilómetros en el mismo día y a veces en horas con una seguridad total.

Pero lo más relevante de todo esto que está ocurriendo y que llamamos, la Globalización, no es únicamente las ganancias producidas por la mayor rapidez, productividad y eficiencia generados por el nuevo fenómeno globalizador, sino, el incremento de beneficios y bienestar que esta nueva forma de producción y de intercambio ha generado en las personas, en las ideas, en los métodos, y en la cultura de la mayoría de las personas y de los países. Por supuesto que la Globalización, como casi todo en la vida, tiene también su otra cara menos amable y positiva; y es que este proceso también ha castigado a muchas personas y países de una forma injusta, a nuestro modo de ver, sólo hay que mirar las grandes protestas que se producen en ciertas zonas del mundo lideradas por los nuevos movimientos sociales, cuando se reúnen periódicamente los grandes Organismos encargados de promover la Globalización como el FMI, el Banco Mundial, o la Organización mundial del Comercio.

En los últimos años todos hemos conocido u oído hablar de algún caso de empresas que han deslocalizado en parte o totalmente su producción a otro país con costes más bajos, principalmente al sudeste asiático o África. Las consecuencias inmediatas de esta decisión pueden verse reflejadas en el siguiente ejemplo: un trabajador de una empresa europea es despedido pues su trabajo lo va a realizar a partir de ahora un trabajador en Vietnam; el trabajador vietnamita al conseguir el empleo puede comprar un pisito e irse de vacaciones una vez al año y pasa así a integrar la clase media de su país; por el contrario, el trabajador europeo que se quedó sin su empleo comienza a tener serios problemas financieros y a raíz de esa situación comienzan los impagados y finalmente el banco le embarga la casa. Al mismo tiempo para el patrón de la empresa donde trabaja el trabajador vietnamita las cosas van cada vez mejor obteniendo regularmente más pedidos y aumentando sus ventas cada año; al final, el empresario decide comprar una casa en Europa como inversión y para que eventualmente sus hijos puedan ir a estudiar allí; por casualidad, compra el piso del trabajador que está en venta y cuyo puesto de trabajo había sido llevado a Asia. Para el banco, no cambia casi nada pues ha podido vender el piso embargado a un nuevo cliente, pero para el país de éste se ha producido una redistribución de rentas y de activos como consecuencia de la llamada Globalización.

Entonces, la pregunta obvia que nos podemos hacer es: ¿la Globalización ha sido buena o mala y para quién? En este caso en concreto, es evidente que ha sido mala para el trabajador europeo y buena para el trabajador vietnamita y su jefe. Pero si lo miramos globalmente, tal vez, no haya sido tan mala, pues el trabajador europeo al ver cómo su situación se degradaba se apuntó a un curso de reciclaje en una nueva técnica novedosa y demandada por el mercado en la actualidad, con lo que a los pocos meses pudo volver a conseguir un nuevo empleo, mejor pagado que el anterior, pues genera más valor, y después de un tiempo volver a comprarse otro piso y reintegrarse de nuevo en la clase media de la que se había apeado cuando perdió su empleo anterior. Ya sé que en muchos casos las cosas no ocurren de una forma tan positiva y que hay muchos trabajadores que quedan descolgados del tren del cambio, pero desgraciadamente y como diría el famoso economista Joseph A. Shumpeter, uno de los mecanismos de avance del capitalismo consiste en la "Destrucción creativa", es decir, dejar morir lo viejo para que se instale lo nuevo y lo que aporte más valor a la economía.

Al final, estos procesos, siendo dolorosos para millones de personas en todo el mundo no son exclusivos de los mecanismos económicos o de la lógica del capitalismo únicamente; si observamos detenidamente, estas situaciones se dan en la mayoría de los ámbitos de la vida, en la naturaleza, en la política, en los distintos sistemas, en las personas, y en las sociedades. Muchas veces hay que dejar morir lo viejo para que se instale lo nuevo para que se creen nuevas formas de producción y de distribución y de relación social que a la postre beneficiarán a un mayor número de personas y al mundo en general.

Pero sin ánimo de recrear un panorama excesivamente idílico, la redistribución de rentas, de puestos de trabajo y de activos de capital beneficiarán tanto a los países más avanzados permitiéndoles concentrarse en la producción de bienes y servicios de más alto valor añadido pues disponen de los trabajadores más cualificados y de los sistemas tecnológicamente más avanzados, pero igualmente para los países menos desarrollados este proceso representa una oportunidad de salir de sistemas primarios y de agricultura de subsistencia o de ganadería, para pasar a un segundo estadio de economía industrial y de producción masiva y al mismo tiempo adquirir conocimientos y tecnología por el establecimiento de muchas empresas en su país, que antes eran inexistentes, y que ciertamente beneficiará a la mayor parte de la población de esos países.

Aunque es cierto que en todo lo que se ha escrito sobre el fenómeno de la Globalización podemos encontrar entusiastas promotores de esta corriente, también hay multitud de personas y de organizaciones que no son tan optimistas sino que más bien atacan y desprecian abiertamente los supuestos beneficios producidos por la Globalización. No es el propósito de este libro entrar en una discusión teórica y real sobre las consecuencias del proceso de la Globalización, sino que nos limitaremos a dar nuestra opinión sobre lo que está ocurriendo, los cambios que vienen y sus consecuencias, como un buen observador social.

La Globalización puede ser el proceso más poderoso y el que más bienestar y crecimiento ha dado en las últimas décadas a millones de personas y a numerosos países, pero también puede ser una fuerza destructiva y que ha causado mucho dolor y perjuicios a otros países según estima Ian Goldin, profesor en la Oxford Martin School. La Globalización ha aportado innumerables beneficios a la sociedad a través del intercambio de la tecnología, del trabajo, de la medicina con las vacunas, de la nutrición, de las ideas y de las mercancías; pero también ha generado muchos perjuicios y mucho daño en distintos países como las pandemias, el terrorismo, las grandes crisis, el cambio climático y las desigualdades en algunas partes del mundo. La Globalización ha sido muy beneficiosa para una parte de la población, aquellos que contaban con mayores recursos, con una mayor educación y con mejor información. Sin embargo, no ha ocurrido lo mismo y ha sido bastante perniciosa y negativa para otra parte de la población que no contaban con esos recursos, ni con esa educación, ni estaban tan bien informados, es decir, para muchos países en vías de desarrollo.

EL EFECTO MARIPOSA

Edward Lorenz fue un meteorólogo del MIT (Massachussets Institute of technology) que trató de explicar porqué es tan difícil hacer previsiones meteorológicas dando lugar a lo que hoy se conoce como la teoría del Caos. En un artículo publicado en 1972 y titulado "Previsibilidad, ¿puede el aleteo de una mariposa en Brasil provocar un tornado en Texas?" sentó las bases de una serie de modelos matemáticos que hoy se conocen como el Efecto Mariposa y que han tenido gran repercusión en varias ramas de la ciencia; de hecho, por medio de esta teoría se pueden estudiar fenómenos como la evolución de la población o las pandemias, el movimiento de los bancos de peces y las aves migratorias o incluso el funcionamiento del cerebro y la predicción del tiempo.

A nadie se le escapa que la reciente pandemia producida por el Covid-19 y cuyo origen se sitúa en China ha sido y es uno de los acontecimientos más devastadores que ha sufrido la humanidad recientemente, que ha afectado a casi todos los países del mundo, y cuyas nefastas consecuencias van a perdurar durante un buen periodo de tiempo entre nosotros. Igualmente, todos recordamos también la quiebra del banco Lehmans Brothers en el año 2008, origen de la mayor crisis financiera y las terribles consecuencias, especialmente económicas, que produjo en el sistema financiero mundial afectando a millones de personas y de empresas.

No vamos a ahondar en los detalles y en las circunstancias que han acompañado a estos fenómenos conocidos por todos, pues hay suficiente información y bibliografía sobre estos eventos, y no es a la postre, el objeto de este libro. Pero si hemos querido mencionarlo, por su relevancia y por las graves e importantes consecuencias que va a dejar en nuestro mundo, y que sirve como ejemplo de la base científica que acabamos de mencionar; ya que eventos o acontecimientos de este tipo vienen a corroborar cómo los hechos ocurridos en una parte del mundo pueden repercutir de manera dramática e imprevisible en otras regiones debido a la gran interdependencia e integración de todos los países en el mundo actual.

Más recientemente, en un estupendo artículo publicado en el diario El País sobre estas cuestiones y firmado por el periodista Jorge Benítez, hace referencia a una metáfora ideada por la analista política Michelle Wucker quien se refiere a esas amenazas que sabemos que existen, pero que no podemos detener y que ella llama "los rinocerontes grises" refiriéndose a cualquier acontecimiento relevante, como un ciberataque masivo, una revuelta social, o aún, un accidente nuclear. La respuesta de la mayoría de la clase política ha sido "lo que ha ocurrido nadie lo podía prever"... mienten, dice ella y en eso estamos de acuerdo cuando al principio del libro señalábamos que frente a fenómenos de este tipo casi siempre hay "avisos", "indicios" o incluso predicciones como efectivamente ha ocurrido en este caso y que es paradigmático ya que fue de alguna manera pronosticado, siquiera como un ejercicio teórico, por Bill Gates en aquella premonitoria conferencia del portal TED de 2015 que muchas personas hemos visto en canales como Youtube u otros medios.

Existen otros muchos casos, aunque tal vez no tan graves, como cuando se produjo la erupción del volcán Bardarbunga en 2014 en Islandia y que provocó la paralización casi total de miles de vuelos en esa región durante varias semanas con las graves consecuencias que ese hecho produjo en la economía y peor aún en el medio ambiente.

A principios de este siglo, en los años 2000 y 2001 se produjeron conjunta y sucesivamente una serie de episodios de severa sequía y de inundaciones en decenas de países de Asia, lo que provocó la muerte de miles de personas y el desplazamiento de cientos de miles a otras regiones con el fin de encontrar mejores condiciones de vida, provocando serios desastres económicos, humanos y medio ambientales en toda la región.

A pesar de que esta clase de eventos y de catástrofes se vienen produciendo desde el principio y a lo largo de la historia de la humanidad, lo que observamos es que en los últimos decenios este tipo de acontecimientos se están produciendo cada vez con más frecuencia y con una repercusión más amplia alrededor del mundo, probablemente, y a casi nadie se le escapa, que estos desastres puedan estar influenciados con altas probabilidades por el nuevo fenómeno de la Globalización y el cambio climático donde las acciones llevadas a cabo por el hombre en un lugar en concreto tiene serias repercusiones en otros lugares o incluso en vastas regiones del mundo (ejemplo, Chernobyl 1986 o incluso Fukushima, Japón en 2011).

Estos hechos vendrían a corroborar de algún modo el conocido efecto Mariposa del que hablábamos antes y que sin duda tienen una gran importancia para la mayoría de las personas e incide directamente en sus trabajos, en su salud, en su modo de vida y en sus sociedades haciendo que la palabra Cambio, adquiera más relevancia si cabe, hasta llegar a convertirse en un "nuevo paradigma" constante y permanente en nuestras vidas dentro de un entorno global en esta casa común que llamamos nuestro mundo. Una de las características más graves que produce hoy la Globalización es la Complejidad que genera en su interior y que puede llegar a acarrear consecuencias tremendamente desastrosas para el mundo como se vio en la anterior crisis financiera de 2008 que a pesar de tener los sistemas financieros más sofisticados y los profesionales más cualificados del sistema bancario, nadie la vio venir.

DEPENDENCIA

Se estima que el 70% de los medicamentos de base o genéricos utilizados por la medicina en todo el mundo se producen en China. Las estadísticas de producción del año 2019 reflejan que China es el primer productor del mundo de electrónica de consumo incluyendo en este capítulo, los teléfonos móviles, los ordenadores y los televisores en color suponiendo hasta el 85% de toda la producción mundial de estos productos. China es el mayor productor mundial de arroz y de trigo y el mayor productor y exportador de productos textiles... y suma y sigue... Es un hecho que China es el mayor país del mundo por población, casi también por extensión, y ciertamente es el mayor productor del mundo de manera que se ha convertido en poco menos de 30 años en la fábrica del mundo.

El proceso por el que el país ha llegado a la situación actual de predominio en numerosos campos no ha estado exento de dificultades y ha ido acompañado de una cierta "mala fama" por la que muchos de sus productos han cargado con la etiqueta de "mala calidad" durante muchos años; aunque esta situación está cambiando poco a poco y cada vez más China va introduciéndose en productos de mejor calidad y de mayor valor añadido, véase la red 5G, satélites a la Luna, o el crecimiento exponencial en biotecnología.

Es indudable que el mayor país del mundo por población y por producción está llamado a ser, o mejor dicho, ya es, un gran actor dentro de la economía, el comercio, y la política mundial y que seguramente dentro de no mucho tiempo será sin duda el primero a casi todos los niveles. Esta nueva posición de predominio en el tablero internacional traerá y de hecho ya se están produciendo importantes consecuencias para el resto de países, muchas de las cuales no serán probablemente muy positivas, sino más bien negativas y bastante perjudiciales.

El caso más flagrante y visible de que disponemos lo hemos sufrido la mayoría de los países con el fenómeno de la pandemia del Covid-19 y a esto queremos referirnos cuando hablamos de dependencia; ¿Cómo es posible que gran parte de la humanidad haya sido dependiente y yo diría casi expoliada de un derecho tan esencial como es la salud por la posición de dominio absoluto de un sólo país que detenta más del 70% de las medicinas y en concreto de los respiradores, mascarillas, y tests tan necesarios como se ha visto en esta última crisis? ¿Cómo se ha podido llegar a esto? ¿De quién ha sido tamaña negligencia? ¿Qué Gobiernos han hecho dejación de funciones?... Francamente, este hecho nos parece tan relevante como el poner la vida de miles de personas en las manos de un sólo país como si en el resto de los países no existiera un Ministerio llamado de Sanidad. Enfín, pensamos que la historia y los votos darán cuenta de esta gran negligencia en la mayoría de los Gobiernos y de los países.

Cuando hablamos de Dependencia con mayúsculas nos referimos precisamente a lo que acabamos de evocar. No es lo mismo que un país sea dependiente del petróleo, de la madera o de otra materia prima cualquiera que de lo más esencial y prioritario como es la salud de sus ciudadanos.

Por cierto, China es un país que tiene una gran dependencia de muchas materias primas esenciales para poder producir la mayoría de sus productos, como son el petróleo, el gas, el acero, el algodón o el maíz... sin embargo, y como consecuencia de la Globalización, ellos han sabido tejer una amplia red de suministro de estos bienes en multitud de países principalmente en África y en Sudamérica a cambio de ingentes inversiones de capital y de recursos técnicos y humanos sabiendo negociar con los gobiernos locales y al mismo tiempo asegurarse de unas fuentes regulares de suministro haciendo valer su predominio económico y dotándose al mismo tiempo de una influencia política importante en cada región donde operan.

Estos hechos y esta posición de predominio de China en el mundo afecta directamente y de manera crucial a lo que llamamos "La Cadena de Suministro"; es decir, China no es sólo el primer productor del mundo, sino que también es el mayor Transportista del mundo; China posee la mayor flota de barcos mercantes y la más extensa red de transporte marítimo del mundo. ¿Cómo puede afectar esta circunstancia al resto del mundo?... no es difícil de imaginar que cuando una empresa textil, de electrónica o de coches en España, Francia u otro país necesita los componentes necesarios para ensamblar sus productos finales y aquellos provienen de China o de Vietnam o Indonesia u otro país asiático, estos viajan en la mayoría de los casos bajo bandera China, queremos decir con su flota de portacontenedores y cargos.

Es cierto que existen otras compañías de transporte marítimo importantes europeas y coreanas que tienen un rol importante en el comercio internacional de mercancías, pero China sigue teniendo "la sartén por el mango" con una ventaja adicional que es, y aquí también, el predominio que detentan sus puertos a la hora de la carga y descarga de las mercancías con la posición dominante que se ha podido comprobar los últimos tiempos a raíz de la crisis del Covid-19 cuando se han quedado bloqueadas durante semanas muchas mercancías en sus puertos afectando gravemente al tráfico normal y a la producción de muchos países.

Cuando hablamos de Dependencia nos referimos a todo lo que acabamos de enumerar y es evidente que esta posición de dominio de China afecta a muchos países y distorsiona el equilibrio y el normal desenvolvimiento de la economía mundial en la era de la Globalización. ¿Hay solución para corregir esta situación?... A nuestro juicio, sí la hay y se llama Diversificación; es decir, en lugar de depender de un sólo proveedor (China) hay que diversificar las fuentes de suministro yendo a producir a otros países en vías de desarrollo que estarán encantados de contar con nuevas oportunidades de producción y de futuros nuevos clientes lo que redundará en el progreso y en el bienestar de sus ciudadanos. Esto hará que las cadenas de suministro no se vean interrumpidas y trastocadas por la dependencia de un único proveedor.

REGLAS Y VALORES

Hoy en día las relaciones comerciales y la economía en general ya no funcionan sólo entre dos o tres países como relaciones bilaterales; eso era antes; hoy las relaciones y el tráfico internacional se establecen entre varios países y regiones al mismo tiempo tejiendo una red compleja e independientemente entre sí; hoy las relaciones son básicamente multilaterales con lo cual lo que ocurre en un país puede afectar no sólo al otro país con el que se establece una relación comercial o de servicios, sino también a otros países que estén más o menos relacionados con los primeros, ya que al final todos los países están conectados de una u otra forma.

Actualmente, todos los países y casi todos los productos que se fabrican compiten en un único "campo de juego", en un único mercado que es el Mercado Global. Para que los productos que se ofrecen o se venden en ese único mercado puedan ser ofrecidos de una manera equitativa y justa, o dicho de otra manera, en igual competencia unos frente a otros, se necesitan unas reglas y unas condiciones que deben ser arbitradas por un único árbitro que en este caso es la OMC, Organización mundial del Comercio con sede en Ginebra. De lo contrario, y para utilizar un símil futbolístico, en un partido de fútbol si el árbitro no arbitra bien, o se deja influenciar por uno de los dos equipos, o peor aún, hace dejación de sus funciones, o si finalmente, como ocurre en ocasiones, el partido se juega sin árbitro, entonces el partido y el resultado tendrán poco valor y no serán muy justos ni reflejarán la realidad de lo ocurrido en el terreno de juego, con el perjuicio que eso acarreará para los contendientes o para uno de los dos bandos.

El ejemplo anterior tiene plena vigencia hoy ya que a pesar de que China, en este caso, ha conseguido grandes logros en el terreno económico y social, sacando de la pobreza a una gran parte de su población y generando millones de puestos de trabajo para sus ciudadanos; este logro, no hubiera sido posible sin la producción a bajo coste de decenas de miles de artículos exportados por todo el mundo y sin las condiciones mínimamente requeridas de salubridad y de protección de sus millones de trabajadores.

Además, casi todos los consumidores en muchos países hemos podido comprobar frecuentemente la baja calidad y la falta de seguridad de muchos de sus productos, por no hablar de las prácticas irregulares empleadas en sus técnicas de venta y de marketing. Si bien es cierto que esta situación está mejorando paulatinamente debido a los controles cada vez más exhaustivos y regulares que las autoridades o los "Árbitros" están imponiendo con el fin de que el resultado del partido entre los competidores en el campo de juego sea lo más equilibrado posible.

Estas situaciones de competencia desleal que se vienen produciendo desde hace varias décadas en varios campos de juego, es decir los mercados, tienen unas consecuencias muy perjudiciales para uno o varios de los contendientes ya que nadie entendería, por utilizar de nuevo el ejemplo del partido de fútbol, que uno de los equipos pudiera ganar el partido, usando las manos para jugar cuando se juega con los pies, dando patadas constantemente, haciendo faltas que el árbitro no ve o directamente jugando sin árbitro; es evidente que el resultado del partido sería muy ventajoso para el equipo que no ha respetado las reglas y muy perjudicial para el equipo que las ha respetado.

Las consecuencias para los equipos (países) que sí han respetado las reglas se han podido ver en los últimos años en muchos países y empresas y en sus trabajadores que han perdido competitividad y en consecuencia muchas de esas empresas han tenido que cerrar produciendo el despido de miles de trabajadores que han perdido su puesto de trabajo frente a las que han deslocalizado su producción o incluso subcontratado a otras empresas y trabajadores de estos países de bajo coste, prefiriendo así, seguir jugando con una reglas más relajadas, con el fin de ser más competitivos o simplemente poder subsistir en un mercado global muy dinámico. Si el juego es el mismo para todos, las reglas también deberían ser las mismas para todos.

Es indudable que el intercambio que se produce en la nueva economía global no es sólo de productos o servicios, lo es también y de forma importante de ideas, de proyectos, de patentes, y de valores; y en este sentido, hemos venido observando con regularidad cómo aquí también algunos equipos (países), se saltan las reglas o incluso establecen sus propias normas para poder operar más libremente y poder realizar sus operaciones. Ejemplos no faltan de lo que acabamos de afirmar... piensese las veces que ha intervenido la policía en el polígono más grande de Europa (polígono Calleja) en Madrid, o el comercio totalmente ilegal y prohibido del marfil en África, que está gestionado totalmente por grupos chinos, o aún...

GANADORES Y PERDEDORES

El colonialismo ha sido durante siglos, después de la esclavitud, la forma de explotación más injusta y degradante de unos hombres sobre otros o más concretamente de unos países ricos sobre otros países pobres. El colonialismo es la forma por la que un país se apropia de otro, bien por la fuerza o por consentimiento con el fin de apropiarse de sus recursos, de sus bienes y de sus gentes y que pasa a llamarse colonia. Históricamente el colonialismo propiamente comienza en el siglo XV con el descubrimiento de América por parte de la Corona Española con la implantación de los Virreinatos, continuando más tarde en otras partes de Asia y África y es en el siglo XIX cuando toma un nuevo impulso y se acelera con la intervención de otras naciones como Inglaterra, Francia, Portugal, Bélgica etc... llegando a dominar gran parte del mundo.

Esta breve introducción nos sirve para analizar con más propiedad el fenómeno de la Globalización y de sus consecuencias. En efecto, a nuestro entender, nos preguntamos si el fenómeno actual de la Globalización no será, guardando las distancias obviamente, una nueva forma de colonización encubierta más "light" pero al mismo tiempo más sutil, por la que las nuevas grandes corporaciones multinacionales y casi todos tenemos en mente las mismas, no se estarán apropiando de una forma más silenciosa y paulatina de nuestros bienes, de nuestros modos de producción, de nuestra cultura y de nuestras sociedades con el mismo fin que lo hacían antes los viejos imperios coloniales. Si tomamos el valor de cualquier empresa de las llamadas "BIG four", su valor es casi igual que el PIB de España o de otros países similares, más de 1 Billón de dólares. El inmenso poder que sólo estas empresas tienen hoy en día hace temblar y llega a doblegar a varios países e incluso a algún bloque de países: Recientemente la Unión Europea se ha visto obligada a devolver la suma de 13.000 millones de dólares a la firma Apple en concepto de devolución de impuestos retenidos mediante una sentencia a su favor del Tribunal de la UE.

¿A alguien se le puede estar escapando pensar que este tipo de acciones no son una nueva forma de colonialismo por el que una gran corporación pone de rodillas a toda una institución como la UE?

¿Qué poder han llegado a acumular estas grandes corporaciones para que ocurran este tipo de cosas que nos rememoran siquiera de una forma imperceptible a viejas prácticas de sometimiento y dominación bajo unas nuevas formas? A continuación, pasaremos a explicar porqué el fenómeno de la Globalización ha creado y sigue creando una gran polémica en el mundo.

En 1944, sin acabar todavía la segunda guerra mundial se fundaron en los famosos acuerdos de Brettons Woods (Mass., USA) los tres Organismos económicos internacionales más importantes: el FMI, Fondo monetario internacional, el BM o Banco Mundial y la OMC o la Organización Mundial del Comercio; cuya misión es la de paliar los graves efectos producidos por las crisis periódicas, a la vez que promover el desarrollo y el comercio mundial entre los países con el fin de erradicar la pobreza y la miseria generada por las guerras y las crisis cíclicas. Hoy día, es indudable el valor y los beneficios que estas Instituciones han desarrollado desde entonces en innumerables países y por extensión en casi todo el mundo; sin embargo, su actuación no ha estado exenta de polémica en numerosos casos y en algunos países sus errores en las políticas aplicadas han sido realmente perjudiciales y hasta nefastos, sobre todo en el caso del FMI (Fondo Monetario Internacional).

En el ejemplo que mencionábamos al principio del capítulo sobre el trabajador que pierde su empleo en Europa en favor de otro trabajador en un país asiático lejano podemos observar una parte, tal vez la más dolorosa, de lo que está ocurriendo con la Globalización, aunque como dijimos este proceso no se limita a la libertad de movimientos de trabajadores, sino que también se trata de la liberalización de los capitales, de las patentes, de las inversiones, de los proyectos y de la cultura entre los distintos países. Estos movimientos y desplazamientos de los distintos bienes y activos económicos han tenido una influencia considerable en el desarrollo y el progreso de muchos países, y posiblemente, uno de los más beneficiados haya sido China; más adelante explicaremos por qué. De igual manera y en algunos casos, algunos países, no sólo no han salido beneficiados por las mencionadas políticas, sino al contrario, han salido seriamente perjudicados; de ahí como ya dijimos, el gran descontento existente en varios grupos de población y en ciertas regiones del mundo con lo que está ocurriendo.

Dentro del grupo de países más beneficiados por la Globalización podríamos mencionar China, como ya hemos dicho, varios países del Este Asiático, como Indonesia, Corea del Sur, Vietnam, etc... algún que otro país africano como Sudáfrica, Ghana, etc... Sin embargo, un numeroso grupo de países en el continente Americano, como Argentina, Bolivia, Ecuador, Colombia... no han salido tan bien parados y han sufrido durante décadas un estancamiento e incluso un retroceso del que les está costando salir aún hoy en día a causa de las malas políticas aplicadas tanto internamente como por los Organismos Internacionales, especialmente por el FMI.

Como dijo Adam Smith en la Riqueza de las Naciones, "las fuerzas del mercado actúan de tal forma que al final siempre le lleva al equilibrio" conducido por una especie de "mano oculta" que se encarga a la postre, de arreglarlo. Desafortunadamente, estas fuerzas sólo funcionan y no totalmente, en los mercados bien informados y de competencia casi perfecta; pero, por el contrario, funcionan muy deficientemente en los mercados mal informados, mal regulados, y con deficiente protección de la propiedad y de las leyes, como es el caso de muchos países en vías de desarrollo. Estas condiciones existentes allí, impiden que la mayoría de las veces las políticas aplicadas obtengan el resultado esperado; más bien, con frecuencia producen el efecto contrario.

Con algún ejemplo concreto podremos hacernos una mejor idea de lo que comentamos. En el año 1997 se produjo la devaluación del Baht (moneda nacional) en Tailandia cuyos efectos se hicieron sentir en toda la región contagiando a numerosos países vecinos y provocando lo que vino en llamarse la "Crisis del Este Asiático" en ese periodo. La recesión que se produjo por esta situación se originó y se aceleró principalmente por las malas políticas aplicadas casi en exclusiva por el FMI, cuyas recetas no han variado mucho y se puede decir que son casi estándar para todos los países independientemente de su situación y momento de desarrollo concretos. Básicamente consiste en aplicar la liberalización a ultranza de capitales, muchas veces especulativos, la subida de los tipos de interés para controlar la inflación, y un plan férreo de control de las condiciones de ayuda y de reembolso de los préstamos concedidos.

Otro caso paradigmático es el de Argentina que en la última gran crisis del "corralito" en el año 2001 se vio obligada a pedir ayuda al FMI para salir de la grave situación económica y financiera en la que se vio inmersa debido al gran sobre endeudamiento en que había incurrido los últimos años. De igual manera aquí y con la misma receta se volvieron a aplicar las políticas del FMI, control de cambios, control de precios, reducción draconiana de la deuda y de sus condiciones etc.. lo que aceleró una recesión rampante y una gran salida de capitales. Lo curioso del caso es que la situación de Argentina poco tenía que ver con la de los países del Este Asiático, pero sin embargo, el FMI aplicó de nuevo las mismas recetas, exacerbando e incrementando aún más la recesión ambos casos. Podríamos citar varios ejemplos más en la misma línea, pero hemos querido citar estos dos por la relevancia que protagonizaron en su día en sus respectivas crisis.

Al margen de la intervención de los Organismos internacionales en los países en desarrollo, las verdaderas causas y los perjudicados reales por el fenómeno de la Globalización se deben principalmente a la relación desequilibrada entre los países desarrollados y los países en desarrollo.

Las causas principales, a nuestro juicio, son varias:

- Por un lado las diferencias existentes en los términos del intercambio; los precios de los productos. Frecuentemente los productos en general alimenticios, que los países ricos venden a los países pobres están subvencionados por los propios gobiernos de esos países con lo que crean una competencia desleal frente a los productos locales.
- Por otro, los países ricos ya se encargan de poner barreras arancelarias y tasas para los productos importados de los países pobres obligando a estos últimos a abrir bien sus fronteras, con lo que frenan el posible desarrollo y despegue de estos al no poder vender sus productos en los países ricos.
- Imponen unas normas y una legislación muy dura, especialmente sanitaria, para que los países pobres puedan vender sus productos en esos mercados.
- En algunos casos los países ricos instalan sus propias empresas en los países pobres con más medios y mejor tecnología haciendo una competencia desleal a las empresas locales y abocando al cierre a muchas de ellas.
- Las deficiencias en la legislación vigente en esos países y su débil regulación del estado de derecho y las normas, son ventajas adicionales para las grandes empresas foráneas que se instalan allí.
- Finalmente, y como hemos mencionado, las políticas aplicadas en estos países por los Organismos internacionales han sido con frecuencia erróneas, cuando no desastrosas.

Por lo que acabamos de comentar podemos observar que cuando hablamos de Perdedores nos estamos refiriendo a muchos países que al haberse integrado en el proceso de la Globalización no siempre han obtenido los beneficios que esperaban por tener unos menores costes del trabajo y unas condiciones sociales y de seguridad más relajadas o a veces inexistentes; ya que supuestamente serían más competitivos y tendrían más ventajas en el mercado global, hecho, que aunque en numerosos casos esto sí ha sido una realidad, en otros muchos casos ha significado un deterioro y un retroceso para el desarrollo de esos países.

En cuanto a los supuestos Ganadores, hemos de decir que se encuentran en los dos bandos, tanto en los países ricos como en los países menos ricos. Es un hecho igualmente contrastado que las inversiones hechas por los países ricos en los países pobres instalando sus fábricas y su tecnología en esos territorios ha generado en muchas partes un desarrollo y un mayor bienestar mediante la creación de millones de puestos de trabajo que de otro modo hubieran conseguido difícilmente. Reiteramos que el caso más relevante tal vez sea el de China con la instalación de miles de empresas occidentales y la creación de millones de puestos de trabajo, pero también el caso de otros países, como Vietnam, Bangladesh, Tailandia, Indonesia, en Asia... o Marruecos, Argelia o Senegal, en África.

Pero sin duda, el gran beneficiado de la Globalización ha sido China. Hace más de tres décadas que miles de empresas europeas y americanas decidieron instalarse en China con el fin de ser más competitivos en el mercado Global, impulsados básicamente por unos costes de producción mucho más bajos y una normativa más laxa en las condiciones de trabajo de sus trabajadores. Durante los últimos 30 años China ha estado exportando y vendiendo al mundo sus productos baratos y en muchos casos de baja calidad, con la que han llegado a crear una estructura tal que ya se les llama "La Fábrica del mundo" desde hace tiempo. El inmenso potencial económico conseguido en las últimas décadas lo han obtenido mediante una estrategia bien planificada apoyados y financiados por un Estado no muy democrático, con una legislación laboral tercermundista y con unas prácticas comerciales más que dudosas actuando como una competencia desleal en numerosas ocasiones.

Pero China está cambiando de estrategia desde hace unos años y están pasando de fabricar productos baratos a otros productos de más valor añadido e invirtiendo activamente en los sectores de tecnología con más futuro como la inteligencia artificial, la industria espacial y la robótica, siendo el país que más robots instalados tiene de todo el mundo. Por supuesto, no ha dejado de lado su estrategia política implantandose y aliándose con numerosos países en África y Suramérica con el fin de asegurarse el suministro de los recursos necesarios para su industria y el dominio político y estratégico de estas regiones en el mundo.

Es indudable que esta nueva disposición geoestratégica en el tablero mundial de países está teniendo y va a tener en un futuro unas consecuencias que ya se están notando en otras partes del mundo como en USA y en Europa donde la pérdida de influencia económica y política que se está desplazando hacia el Este haya hecho reaccionar al presidente Trump aumentando los aranceles y las tasas a los productos chinos esgrimiendo un nuevo eslogan de "América First" para contrarrestar el creciente poderío exhibido por China en tecnología con el 5G y la empresa Huawei o el envío de satélites al espacio por citar sólo tres ejemplos recientes.

Paralelamente Europa se está viendo también amenazada por este creciente poder económico chino y ya está empezando a tomar medidas con una nueva legislación para frenar la avalancha de las inversiones y compras masivas de empresas europeas por parte de China. No están en peligro únicamente miles o millones de puestos de trabajo sino también la pérdida de un cierto poder social, cultural y científico que son las señas de identidad de Europa o América.

Ahora, sí que pensamos que estos cambios son lo suficientemente relevantes y representan una nueva amenaza a tener en cuenta para los trabajadores, las empresas, y las instituciones de Occidente.

LA DESGLOBALIZACIÓN

A partir los años 80 del siglo pasado se fue produciendo una riada de miles de empresas que decidieron deslocalizar su producción, o una parte de ella, a países con unos costes inferiores especialmente hacia el Este asiático destacando China por encima de otros países que también recibieron grandes inversiones y multitud de empresas occidentales deseosas de instalarse en esas latitudes. A medida que los costes y los salarios de los trabajadores iban subiendo, muchas empresas empezaron a darse cuenta que producir en esos países, especialmente en China, ya no resultaba tan rentable y empezaron a marcharse a otros países con costes más bajos y muchas comenzaron a reconsiderar la vuelta a casa ante los problemas que se avecinaban.

Particularmente empezaban a destacar los problemas de calidad en muchos productos hasta el punto de afectar la imagen de marca de muchos de ellos; por supuesto el tema de los costes crecientes fue otro factor muy importante si no el que más, y finalmente los problemas surgidos regularmente con la rotura de la cadena de suministro provocada principalmente por errores y bloqueos en los transportes marítimos, sobre todo como se ha podido ver en esta última crisis del Covid-19, donde muchos puertos en China llegaron a colapsar con las graves consecuencias que ello provocó en muchas empresas en Europa, haciendo que muchas de ellas tuvieran que suspender temporalmente su producción ante la falta de suministros como en el caso de varias empresas automovilísticas o incluso empresas del sector de la salud, obligandolas en algunos casos a realizar despidos parciales.

Ante estas circunstancias y debido a repetidas situaciones de este tipo que se vienen produciendo desde hace varios años y ante la pérdida de control que ha significado este hecho para muchas empresas e instituciones, cientos de empresas han decidido hacer las maletas y volver al país de donde salieron ya que los riesgos que se estaban sucediendo continuamente ponía en muchas ocasiones en peligro, la propia supervivencia de la empresa. No olvidemos que lo más peligroso para cualquier empresa es la falta de seguridad y la pérdida de control sobre su marcha y su destino.

No es extraño pues, que ante las varias amenazas y riesgos mencionados anteriormente el presidente Trump haya subido los aranceles y las tasas a miles de productos procedentes de China ante el riesgo de competencia desleal frente a los productos americanos, llegando a decir la famosa frase "América First", América primero; aunque paralelamente también haya aprovechado para sacar algún rédito político ante las próximas elecciones.

Sin embargo, el presidente Trump no se ha quedado sólo, y varios países ya han empezado también a reconsiderar su posición dentro del tablero global internacional, como ha sido el caso del Reino Unido con el voto favorable dado al Brexit hace dos años. Aunque las razones no sean las mismas que las esgrimidas por el presidente americano, está claro que Inglaterra ha decidido también cerrar su fronteras principalmente debido a un sentimiento bastante generalizado en el país de la pérdida de control, especialmente en lo concerniente a la inmigración, un cierto hartazgo igualmente ante el poder creciente de Bruselas, y también porqué no decirlo, ante la subida del populismo liderada por el partido Ukip y la manipulación sobre el voto de cierta parte de la población que ejerció en las últimas votaciones del Brexit. Podríamos citar otros ejemplos como Hungría con su presidente claramente antieuropeo o incluso Cataluña con sus partidos separatistas que piensan que estarán mejor fuera que dentro del bloque de la UE.

Si el inicio y la aceleración de la Globalización que empezó en el siglo pasado representó la caída de los muros entre los países, y de sus barreras físicas y mentales, el inicio de este siglo se está caracterizando por la subida de nuevo de los muros y de las barreras físicas y políticas entre muchos países. Este fenómeno está avivando un dudoso sentimiento de protección en los ciudadanos frente a lo desconocido y al mismo tiempo una desconfianza y un miedo frente a "los otros" que está influyendo muy negativamente en la marcha normal de muchos países y que al mismo tiempo está siendo aprovechado por ciertos políticos para salvarse ellos mismos y avivar un sentimiento nacionalista radical.

Así las cosas, los grandes beneficios generados por el proceso de la Globalización desde sus comienzos está viéndose perjudicado y frenado de forma notable por esta vuelta atrás que han decidido ciertos países y que desde nuestro punto de vista significa una regresión y un retroceso importante para la marcha natural de la Globalización y sus beneficios en todo el mundo.

GOBERNANZA GLOBAL

Hace tiempo, desde el siglo XIX, que el mundo ya no es un conjunto de reinos ni de países aislados e independientes viviendo cada uno de puertas adentro y tratando de protegerse del vecino o de otros países más alejados. Hoy en día y mediante el proceso de la Globalización casi todos los países vivimos en un único mundo y en una misma casa global o en un mercado global, aunque cada uno conserve sus costumbres y sus tradiciones. Si algo ha generado este proceso es una estandarización en la población global precisamente de sus hábitos, de su mentalidad, de sus gustos y de su quehacer diario. Esto ha sido provocado de una parte por las grandes corporaciones multinacionales y la imposición de sus reglas, de sus normas y de sus modas, y de otra parte por un conjunto de países que han decidido y que han visto las bondades de agruparse en bloques o regiones como es el caso de la UE en Europa, de Mercosur en América o de Asia-Pacífico en Asia.

Como suele ocurrir en los mercados, juntos se tiene más poder que separados. En este sentido queremos recordar cuando hablábamos de las reglas y de los valores, que puesto que la mayoría de los países juegan en el mismo campo y en el mismo terreno de juego, parece lógico y razonable y yo diría que hasta exigible que todos se sometan a las mismas reglas para que el resultado de este "juego" sea finalmente lo más justo, beneficioso y equitativo posible.

Pero para que esto sea posible es necesario que exista un Árbitro y un Juez común que conduzca el juego y aplique las reglas que garanticen su idoneidad y su "fair play" desde el principio hasta el final y que sea aceptado por todos. En este sentido, quisiera hacer referencia a la reflexión de Georges Soros en su libro "la Crisis del Capitalismo Global" en el que apunta que para que una sociedad global y abierta funcione adecuadamente es necesario que los participantes acepten y comulguen con los mismos principios de una sociedad justa y mirando siempre el bien social de la mayoría.

No es posible dejar únicamente en manos del "Mercado" el desarrollo del juego y las reglas, pues como ya se ha visto en anteriores crisis, los intereses individuales o de ciertos grupos de poder trastocan y vician el juego democrático produciendo las negativas consecuencias y las enormes desigualdades que todos conocemos. En las anteriores crisis financieras se ha visto cómo la libertad de movimientos de capitales y cierto aventurerismo de algunos grupos financieros han provocado tremendos descalabros y desastres en muchos países y en el sistema económico global.

Para eso, habría que establecer un nuevo Organismo Mundial que al igual que las Naciones Unidas que se encarga de regular y conciliar las diferencias entre los países a nivel político fuera el responsable de dictar las normas y proponer los distintos Árbitros regionales para que el "juego" de los mercados globales fuera el correcto y distribuyera los beneficios económicos y sociales de la Globalización de la forma más justa posible entre los pueblos que formamos la Aldea Global.

CAPÍTULO DOS

EL TRABAJO EN EL FUTURO

"Elige un trabajo que te guste y no tendrás que trabajar un sólo día de tu vida".
(Confucio)

Probablemente de todos los cambios que se están produciendo en la sociedad en el último medio siglo el cambio en el trabajo en todas sus formas sea el más relevante y también el más radical.

En su famoso libro, "El fin del trabajo", el conocido autor y consultor de varios gobiernos Jeremy Riffkin, aboga por el inicio de una nueva Era y augura que con la llegada de la cuarta revolución industrial, millones de puestos de trabajo están en riesgo y van a desaparecer en casi todos los sectores llevando a millones de personas, sobre todo, las últimas en incorporarse al proceso productivo, al desempleo y a un paro masivo; no hay más que ver los índices de paro de la mayoría de las naciones industrializadas que no se habían visto desde la gran depresión de 1929. Esto va a traer como consecuencia que el mundo va a dividirse en dos fuerzas bien distintas: por un lado, nacerá, o ya ha nacido, una élite bien informada que controlará y gestionará la economía global de alta tecnología, y por otro lado, habrá cada vez un mayor número de trabajadores con baja cualificación y con menos garantías de tener un trabajo estable y con futuro en un mundo cada vez más automatizado.

John Maynard Keynes, autor de la "Teoría General del empleo, el interés y la moneda" y sin duda, el mejor economista mundial de principios de siglo pasado ya predijo que el tiempo de trabajo se iría reduciendo paulatinamente a medida que la revolución tecnológica fuera avanzando e hiciera crecer la productividad en todos los sectores. Más recientemente, el empresario mejicano Carlos Slim, cuarta fortuna del mundo, también dijo que la semana laboral podría reducirse a tres días; y últimamente, el empresario Jack Ma, dueño de Alibaba, dice que con la ayuda de la inteligencia artificial la semana laboral podría reducirse a 12 horas repartidas en cuatro días a la semana... realidad o ficción?? Lo cierto es que estos sistemas ya se están empleando en varios países como Nueva Zelanda, o incluso Alemania con el Teilzeit por el que se reducen las horas de trabajo a cuatro días a la semana con el correspondiente descuento en la nómina del trabajador.

Desde la primera revolución industrial iniciada en el siglo XVIII hasta la tercera revolución industrial, y pronto vendrá la cuarta, la evolución del trabajo y de las condiciones sociales de los trabajadores han cambiado de tal forma que hoy día hablar de jornadas de trabajo de 14 y 16 horas es casi como hablar de la prehistoria. En efecto, cuando se inventó la máquina de vapor o los telares para tejer en Inglaterra, las jornadas laborales eran regularmente de 12-14 y 16 horas y esta circunstancia varió muy poco hasta bien entrado el siglo XX. Eran jornadas extenuantes y rodeadas de condiciones de trabajo poco salubres y en muchos casos peligrosas para el trabajador, pues el objetivo principal era conseguir la mayor producción posible, para de un lado, amortizar las importantes inversiones de capital y maquinaria y por otro, para tratar de adelantarse a la competencia con el fin de obtener productos más competitivos.

A principios del siglo XX se introduce el sistema de producción en cadena o de masas con el método tayloriano de control de tiempos y costes, el cual permite multiplicar de forma casi exponencial la producción de bienes industriales y de consumo, con la aplicación del método científico de producción y la creación de la contabilidad de costes. Es el tiempo en el que surgen los sindicatos para proteger y defender los derechos de los trabajadores frecuentemente explotados por algunos empresarios con escasa sensibilidad social. A medida que los sindicatos van cobrando fuerza se van extendiendo desde Inglaterra y USA donde nacieron a otros países europeos y americanos llegando a conformar una fuerza social importante a tener en cuenta por la mayoría de los gobiernos.

Es precisamente a mediados del siglo XX para cuando aparecen los primeros ordenadores o máquinas de cálculo, y con la irrupción poco después de las tecnologías de la información y la comunicación, Internet, telefonía móvil, etc... conocidas hoy como las TIC que las cosas empiezan a cambiar de forma radical cambiando sustancialmente las formas de trabajo, las normas que lo regían y las relaciones entre trabajadores y empresarios, para finalmente llegar a la situación actual en la que se puede observar la enorme pérdida del poder de los sindicatos y el aumento de poder de los que detentan el capital industrial, entendiendo por tal, la maquinaria, los sistemas, la información y los procesos. Cada vez cobra más importancia el Capital y va perdiendo relevancia el factor Trabajo.

Como consecuencia de todos estos cambios producidos principalmente por el progreso tecnológico en distintas áreas en el último siglo, la nueva realidad laboral y de los trabajadores poco tiene que ver con esas épocas pasadas. Hoy ya es una nueva realidad que los puestos de trabajo para toda la vida ya no son para toda la vida sino solamente para unos pocos años o unos pocos meses; que los contratos de trabajo ya no son fijos sino temporales, que las jornadas de las 8 o 9 horas se han transformado en jornadas a tiempo parcial, que cada vez más se habla de contrato por proyecto que de contrato para un puesto, que la figura del "freelance" o trabajador por su cuenta es cada vez más popular, que ya no hay que ir a la empresa a trabajar sino que se puede teletrabajar, que ya no hay que ir a dar o escuchar una conferencia sino que la podremos seguir en casa a través del monitor mediante una aplicación al efecto; finalmente, que las empresas ya no son esas instituciones estables e inamovibles como en el pasado donde si uno entraba en una de ellas era para toda la vida (Japón es un buen ejemplo de esto).

La nueva realidad que se impone y que nos reta cada día es que las empresas, los trabajos y las instituciones en general ya no son fijas, estables, y duraderas, sino que lo que se impone y lo que forma parte de nuestro nuevo día a día, es el Cambio, la inestabilidad, la flexibilidad, y la disponibilidad para cambiar de trabajo, de empresa, de territorio y de país cuando las circunstancias así lo requieran. Si somos capaces de caminar adelante con esta nueva mentalidad y forma de ver la vida y los trabajos, tendremos bastante control sobre nuestro futuro próximo; de lo contrario, podemos vernos envueltos en un torbellino de acontecimientos y nuevas realidades que no entenderemos y que nos impedirán vivir mejor y ver de una manera más clara nuestro sitio en este nuevo y complejo mundo lleno de tecnología que nos ha tocado vivir.

TECNOLOGÍA, ROBOTS, Y DIGITALIZACIÓN

Sin hacer referencia expresamente a uno de los libros más futuristas y que más influencia ha tenido en varias generaciones como es "Un mundo feliz" del escritor Aldous Huxley, hemos querido mencionarlo ya que la Utopía, o más bien (Distopía) que el autor propone sobre una futura sociedad feliz, creemos que es totalmente pertinente en el contexto actual de nuestra sociedad.

En efecto, la tesis que el autor propone en su novela futurista es que para que una sociedad y sus ciudadanos lleguen a ser plenamente felices, es necesario que dicha sociedad sea controlada por ciertas castas (las más avanzadas y las mejor informadas), de manera que el resto de las castas, es decir, todos los demás ciudadanos, estén regulados y controlados por estas pocas clases dirigentes. La idea central es conseguir el mayor nivel de felicidad para los ciudadanos y esto se conseguiría mediante el fomento constante del deseo de consumir que aunque produce dolor al principio, al final proporciona placer por los bienes consumidos.

Esto sería posible de una forma plena por el control total de la tecnología que lo inundaría prácticamente todo, desde el ocio, con juegos virtuales, hasta la reproducción humana artificial pasando por el transporte en coches voladores en las ciudades; todos los bienes y productos que necesitara esa sociedad serían producidos por máquinas y sistemas automáticos, de manera que la mayor parte de la sociedad dedicaría su tiempo al ocio y al desarrollo de hobbies o al placer que también estaba previsto mediante el consumo de una droga legal llamada "soma" que también se encargaría de producir en los ciudadanos un sentimiento permanente de felicidad y bienestar. En el fondo el libro es una crítica ácida de la sociedad consumista y capitalista en la que vivimos.

Hago esta referencia un poco extensa pero totalmente actual y vigente, a nuestro juicio, porque en el mundo de hoy la tecnología está por todas partes, lo inunda casi todo y casi podemos decir que lo es todo. La tecnología ha hecho progresar a la humanidad en el último medio siglo más que en los veinte siglos anteriores. Partiendo de esta realidad incontestable, y sin entrar en consideraciones de tipo filosófico o de otra índole, no es extraño que la evolución y la mayor demanda de los nuevos puestos de trabajo estén íntimamente ligados a la tecnología. Podemos preguntarnos el porqué de esa obsesión por la tecnología en los últimos tiempos; en realidad, el ser humano siempre ha buscado nuevas formas de producir y hacer las cosas con menos tiempo y de una forma menos costosa con el fin de poder dedicar más tiempo al ocio y a la familia, o dicho de otra manera ha buscado producir más con menos y en el fondo eso se llama aumentar la Productividad que es de lo que se trata en las sociedades modernas.

La tecnología es hoy la nueva diosa que todos quieren adorar; queremos poner de manifiesto la influencia que ésta ha tenido y tiene en el trabajo, en los procesos, y en el empleo en general.

Con la invención de la máquina de vapor en 1769, se inició una etapa en la que la mayoría de los trabajos de fuerza hasta entonces realizados por los animales o los humanos fueron sustituidos por la fuerza mecánica de estas máquinas dejando sin trabajo a miles de caballos y de personas dedicadas a esa labor hasta entonces; otro tanto ocurrió con la introducción de estas máquinas en la industria de los telares que hasta entonces empleaba igualmente a miles de personas hasta el punto que un solo telar que necesitaba entonces del trabajo de diez personas quedara reducido al empleo de una o dos personas como mucho.

El siglo XIX continuó con la revolución industrial anterior produciendo y mejorando la maquinaria creada en el siglo XVIII e introduciendo otra innovación importante como es el ferrocarril; esto mejoró casi todos los sistemas de transporte y trajo una amplia gama de trabajos para la industria de la maquinaria destinada a la metalurgia así como para otros sectores, incluida la mejora en la propia industria de fabricación de máquinas para múltiples usos. Ya en el siglo XX nacen el motor de combustión, las turbinas de gas y los motores eléctricos que tienen innumerables usos en la fabricación de los electrodomésticos, de los automóviles y posteriormente en los trenes, aviones etc...

Todo cambia con la llegada del primer ordenador programable inventado por Konrad Zuse en los años 40 del siglo pasado, siguiendo a continuación los IBM, los Apple...etc... En 1983 nace Internet desde el departamento de defensa de USA con la creación de la red ARPA, y la cuarta revolución industrial con la introducción de la web WWW, de las TIC y con la aplicación de los nuevos sistemas automatizados programables y la inteligencia artificial, que se extienden prácticamente a todos los sectores convirtiendo la mayoría de las tareas y los trabajos en operaciones completamente automatizadas y programadas, reduciendo de forma importante la necesidad del factor humano en el trabajo. Este es sin duda el principal Cambio que se ha producido desde mediados del siglo pasado y principios de este siglo y cuya principal consecuencia ha sido la creación de una nueva sociedad casi totalmente automatizada en su desempeño diario y al mismo tiempo la destrucción de millones de puestos de trabajo y de tareas repetitivas de poco valor añadido en todo el mundo.

Como hemos dicho anteriormente la tecnología se ha convertido en el nuevo valor al alza y aún no sabemos calibrar sus repercusiones futuras en la sociedad. Sin embargo, hablamos a continuación de tres tecnologías que han cambiado por completo el mundo del trabajo y de las relaciones laborales actuales como son: la robótica, la inteligencia artificial y la digitalización.

Dentro de los nuevos sistemas automatizados programables los Robots constituyen sin duda la estrella de este sector por su amplia usabilidad en casi todos los sectores desde la agricultura, la industria, la medicina, el transporte, o el turismo. Las implicaciones que la introducción de esta nueva tecnología tiene en cuestiones de ahorro y productividad para la economía y para el empleo son casi infinitas. No es casi necesario poner ejemplos; todos hemos visto alguna vez lo que hace un robot en una cadena de montaje de coches o en la línea de pintura de esa cadena, o cuantas piezas de reloj puede fabricar un robot con precisión matemática, o cuantos cientos de piezas son fabricadas por robots para la industria aeronáutica, o cuántas toneladas de trigo es capaz de recolectar una cosechadora en un día... la lista sería interminable. Las consecuencias de esta nueva forma de producir saltan a la vista: por un lado, un aumento de la producción casi sin límites y por tanto, un aumento de la productividad que hace a las empresas más competitivas; y al mismo tiempo una reducción de costes fijos y variables, entre los que sin duda, el más destacable, es la reducción del factor humano y el aumento del desempleo.

Desde hace una década aproximadamente y más recientemente se habla y se está introduciendo poco a poco la llamada Digitalización en muchas empresas, Organismos e Instituciones. Con este nuevo sistema de simplificación de los procesos gracias a Internet y a la introducción masiva de las nuevas tecnologías de la información y de la comunicación (TIC) el objetivo que se pretende alcanzar es similar al de la automatización. En efecto, y gracias al desarrollo de nuevos y sofisticados algoritmos se puede ahorrar mucho tiempo y grandes costes en el desempeño regular de las tareas, los trabajos, y las relaciones con los clientes con el consiguiente beneficio en ahorro de tiempo y gastos para todas las partes implicadas, lo que en definitiva se traducirá en un aumento de la productividad y la competitividad en amplios sectores de la sociedad.

Al igual que cuando hablábamos de la robotización, la consecuencia directa más negativa será igualmente un aumento del desempleo y el paro.

Pondremos sólo dos ejemplos de las consecuencias de lo que acabamos de mencionar.

En el primer caso, el robot de pintura "Dürr" es capaz de pintar un coche en la fábrica en poco más de 60 segundos, o sea 60 coches a la hora. En cambio, ese mismo coche pintado por un obrero tardaría entre 17 y 20 horas... la ganancia en productividad es clara, no?

En la esfera de la digitalización si queremos ir al médico por ejemplo para una consulta, el tiempo medio empleado entre ir y venir, esperar en el ambulatorio etc... podría llevarnos de una hora a hora y media dependiendo del lugar donde residamos; sin embargo la misma consulta hecha por telemedicina o videoconferencia sólo nos llevaría 5 minutos. La diferencia y el ahorro en este caso, también son claros.

La conclusión que podemos sacar de las consecuencias que tienen la introducción de los nuevos sistemas digitales y de automatización en el trabajo y en nuestras vidas es que nos proporcionan un ahorro importante en tiempo y dinero al ser menos costosos: pero al mismo tiempo, la consecuencia negativa más notable es que en esa transformación y el paso de un antiguo sistema al nuevo quedan por el camino un número importante de desempleados y personas que necesariamente deberán reciclarse y formarse para este nuevo entorno.

Desgraciadamente siempre quedará un número residual de personas que bien por edad o por no poder adaptarse a las nuevas circunstancias quedarán apartadas al lado y tendrán que ir a una pre-jubilación o a solicitar las ayudas del Estado.

Es el precio que hay que pagar por el progreso o como decía el economista Joseph Shumpeter es la destrucción creativa de la economía. Lo cual no significa que este grupo de personas tengan que quedar totalmente al margen de la sociedad y únicamente representen una carga para el Estado. Existen múltiples salidas para seguir aportando a la sociedad y al bienestar personal mediante la incorporación de este colectivo a otras tareas distintas del clásico trabajo de 8 horas como pueden ser la ayuda profesional a los discapacitados, la asistencia coordinada a las personas mayores, la formación voluntaria entregada a los jóvenes desfavorecidos y con pocos recursos, la incorporación a una ONG, o aún el desarrollo de aptitudes personales artesanales o artísticas monetizables que proporcionen un beneficio personal y a la sociedad en su conjunto.

LAS NUEVAS PROFESIONES

Para bien o para mal la tecnología y el progreso tecnológico marcan nuestro día a día y lo más importante es que van a marcar nuestro futuro como seres humanos y como sociedad, cambiando nuestras costumbres, nuestros hábitos, nuestra manera de pensar, nuestras relaciones personales y profesionales, nuestra manera de ver el mundo y nuestros valores.

En lo que concierne concretamente al trabajo y a las diferentes profesiones se está generando, desde hace unas cuantas décadas, una verdadera revolución en las diferentes actividades de la economía productiva y de los servicios; se ha transformado radicalmente la manera de producir en la agricultura con la introducción de nueva maquinaria como el tractor, los nuevos sistemas de irrigación, las máquinas de sembrado y recolección con las grandes cosechadoras, los modernos sistemas de desinfección y los nuevos y flexibles vehículos de transporte desde el campo hasta los mercados. En la industria en general ha sido la introducción de los robots y de la inteligencia artificial de manera masiva lo que igualmente ha cambiado la manera de producir desde las grandes acerías hasta las fábricas de automóviles, pasando por los sistemas de construcción y la industria de máquina -herramienta; y si hablamos del transporte, los aviones autónomos y los coches autónomos ya son la nueva realidad; en cuanto a los servicios, las agencias de viajes, el turismo, e incluso los despachos de abogados están siendo transformados por este nuevo virus que todo lo abarca llamado tecnología.

Como consecuencia de este nuevo panorama y de esta nueva realidad, muchas labores y profesiones del pasado reciente ya han dejado de existir o dejarán de estar vigentes en un futuro próximo.

Entre las antiguas profesiones ya no tienen ningún futuro empleos como vigilante, telefonista, soldador, cobrador, secretaria, vendedor, operario, almacenista, recepcionista, portero, transportista, taxista, cartero, cajera… etc… y en general cualquier trabajo que implique una tarea repetitiva y monótona capaz de ser sustituida por una máquina o la inteligencia artificial.

Pero incluso, si nos vamos a profesiones más sofisticadas como piloto de aviación, agente de seguros, abogado, arquitecto técnico, médico, empleado de banca, funcionario etc… igualmente estas últimas profesiones se verán afectadas, aunque en menor medida, por el cambio tecnológico y la nueva economía digital.

Las nuevas Profesiones que vienen son todas aquellas ligadas al entorno de Internet y de las nuevas aplicaciones para teléfonos móviles, la biotecnología y la seguridad alimentaria, las relacionadas con la implementación de la inteligencia artificial en numerosos sectores, todas las que tengan que ver con las energías limpias y sostenibles, y las que se ocupen de la atención y el servicio a la tercera edad o al sector del ocio. De esta manera podemos comprobar que la nueva economía es bastante diferente del anterior sistema económico y representa un Cambio sustancial, y por lo tanto necesitará de nuevas habilidades y de nuevos puestos de trabajo que no existían hasta ahora.

Dentro de las nuevas profesiones podemos destacar:

- Gerente de marketing digital
- Gerente de medios digitales
- Desarrollador de aplicaciones Android e IOS
- Diseñador de páginas web

- Analista de Big Data
- SEM y SEO para el mejor posicionamiento en Internet
- Ingenieros medio ambientales
- Expertos en comunicación digital
- Experto en realidad virtual
- Desarrollador de órganos en impresoras 3D
- Operario de robots
- Expertos en seguridad informática
- Especialista en e-commerce
- Genetista
- Gerente de CRM o relación con los clientes
- Enfermero
- Asistentes sociales

Ciertamente para muchos, hacer la transición de los puestos de la antigua economía a los nuevos puestos que requiere el mercado de trabajo actual no será tarea fácil, pero como dice el dicho, no hay gloria sin dolor, y la mayoría de la población laboral activa en todos los países se encuentra en un proceso de transformación y de cambio que exige ponerse las pilas y reciclarse cuanto antes mejor. Es una cuestión de supervivencia.

EMPLEADO O AUTÓNOMO

Viendo la evolución del trabajo desde inicios del siglo pasado hasta hoy, observamos dos fenómenos relevantes y que explican de algún modo la situación del mercado del trabajo actual:

Por un lado, la gran transformación que ha habido en los sistemas de producción a causa de las sucesivas revoluciones tecnológicas; esto ha hecho que producir bienes y servicios sea cada vez más intensivo en capital (maquinaria, robots, sistemas, software) y menos importante en el factor trabajo; por lo tanto cada vez hay menos puestos de trabajo, especialmente en la industria (sólo hay que ver la evolución de las cifras del paro en muchos países desarrollados).

Por otro lado, y como consecuencia de lo anterior, cada vez hay más empleados autónomos o "freelance" que participan en casi todas las áreas de la nueva economía. Como ejemplo, en Estados Unidos el 35% de la fuerza laboral está formado por estos trabajadores, y en Japón, país tradicionalmente formado por grandes empresas y trabajos para toda la vida, en los últimos 30 años el 25% de su fuerza laboral también está constituido por estos nuevos trabajadores, que como dice el mayor experto en Management Peter Drucker, son los nuevos trabajadores del saber o del conocimiento.

Previsiblemente la tendencia en un futuro próximo va a ser esa: es decir, cada vez habrá más trabajadores autónomos y menos trabajadores empleados por cuenta ajena. Delante de esta situación que hoy ya es una realidad, cabría hacerse dos preguntas para los que empiezan a integrarse en el mercado laboral y para los que están saliendo del sistema o que serán expulsados próximamente:

La primera sería: ¿tiene sentido para mi futuro seguir buscando un trabajo en una empresa que no me garantiza ninguna seguridad? ¿o por el contrario, empiezo a ofrecer mis conocimientos y mis servicios de forma autónoma que tampoco me garantiza seguridad, pero que al menos yo puedo controlar y en el que soy mi propio jefe?

La respuesta a este dilema depende de dos cuestiones importantes que cabe hacerse: primero ¿estoy seguro que mis conocimientos y los servicios que yo ofrezco los necesita el mercado? Y segundo, ¿creo que tengo el carácter y la capacidad de aguante que hace falta para ser yo mi propio jefe y soportar las incertidumbres del mercado?... Una vez hayamos contestado a estas dos preguntas en un sentido afirmativo o negativo, entonces podremos planificar mejor nuestro futuro.

En el fondo, la respuesta a estas cuestiones vitales son las mismas que escoger entre Independencia e inseguridad (Freelance) o dependencia y seguridad (empleado o funcionario).

En mi experiencia personal como economista y consultor de empresas, he estado en los dos lados; durante un tercio de mi experiencia profesional he trabajado como empleado y ejecutivo de empresas medianas y multinacionales, y en los dos tercios restantes he ejercido mi actividad profesional como consultor de empresas autónomo unas veces con empleados y la mayor parte del tiempo como autónomo independiente. Como anécdota he de decir que dentro de los servicios que ofrecíamos en el despacho a las empresas, uno era el de selección de personal; y recuerdo que en muchas entrevistas con los candidatos a un puesto, una de las preguntas que les hacía era: ¿"qué te gustaría ser o qué puesto te gustaría ocupar en el futuro"? En innumerables ocasiones la respuesta de muchos candidatos era "me gustaría ser funcionario"; cuando les preguntaba ¿por qué? sistemáticamente me respondían: ¿"porque así tengo un puesto de por vida y estable y no me pueden despedir"? Huelga decir, que a pesar de que la necesidad de seguridad es inherente al ser humano, esta clase de candidatos los archivábamos con la etiqueta, "no adecuado para el puesto"; no por el objetivo de ser funcionario, sino por las motivaciones que daban para ocupar el puesto.

Mirando hacia el futuro, creo sinceramente que vamos cada vez más hacia un mercado laboral donde cada uno tendrá que vender lo que sabe hacer o lo que mejor se le da, es decir, su talento.

La producción de masas y las grandes empresas con miles de empleados va a ser pronto cosa del pasado o en todo caso se concentrará en unas cuantas organizaciones dominantes que formarán oligopolios del tipo (AGFA) Apple, Google, Facebook, Amazon y las que fabriquen bienes de consumo masivo se concentrarán en los países en vías de desarrollo con unos costes laborales muy bajos pero sin mucho valor añadido.

EL TALENTO

Podríamos definir el Talento como aquella cualidad o habilidad especial y diferente que poseen las personas para realizar una tarea en un campo determinado y que las diferencia del resto haciendo fácil lo que para los demás es difícil.

Partiendo de este supuesto, y teniendo en cuenta que lo que pedirá el mercado en el futuro es precisamente el Talento de las personas, (de las tareas rutinarias ya se encargarán los robots), es importante e improrrogable para la mayoría de las personas activas y que estén en el mercado del trabajo, hacer una reflexión profunda sobre las mejores cualidades y los conocimientos más actuales de que disponen para poder ofrecerlos al mercado y a la sociedad. Este análisis introspectivo va a ser particularmente importante para cada persona que quiera saber cual es su índice de empleabilidad y de posibilidades de estar actualizado en el mercado de la nueva economía digital.

Lo que demanda y va a pedir el mercado y las empresas en el futuro es la aportación de valor o lo que es lo mismo, el mejor Talento de cada uno; vamos hacia un mercado de Expertos; y para saber y descubrir cuál es ese talento especial que poseemos hay varios caminos: uno, es el análisis retrospectivo, es decir, mirar hacia atrás y ver en qué trabajos o actividades nos ha ido especialmente bien y hemos tenido cierto éxito o también repasar en nuestro entorno de amigos y colegas de trabajo cuando y donde nos han hecho algún elogio determinado por lo bien que lo hemos hecho en esas circunstancias concretas. Otra vía, puede ser remontarse a nuestros primeros años en la educación y revisar o recordar algún elogio de algún profesor en alguna materia concreta o algún premio o éxito que hayamos conseguido. El otro camino, es el de escuchar el corazón; o como decía Steve Jobs, cuando te enfrentes a dos caminos en los que tengas que escoger, escoge siempre el que te dicte el corazón.

Dos ejemplos de lo que acabamos de comentar serían: en una de las películas protagonizadas por el actor Sylvester Stallone, en la que hace de boxeador, dice "es que yo he nacido para esto"... también la famosa tenista Garbiñe Muguruza en una de sus entrevistas le dice al periodista "es que yo soy tenis" o aún, el famoso actor americano Al Pacino cuenta cómo fue una profesora en secundaria la que haciendo de tutora le dijo que él estaba destinado a ser un buen actor. En este sentido, y para que cada uno haga su análisis interno en busca de su Talento, recomendaría dos libros: uno es "el Elemento" de Ken Robinson, probablemente el mejor conocedor del mundo de la educación y en el que recomienda que toda persona debería tener un tutor; y el otro es, "Arqueología del Talento" de Alberto Sánchez Bayo, economista, coach y arqueólogo del talento.

Las tres cualidades que serán las más demandadas por el mercado actual y en el futuro son: formación continua, resiliencia, y flexibilidad.

OPORTUNIDADES

Si observamos lo ocurrido en las últimas décadas en el mercado laboral de muchos países podemos ver que el aumento del paro y el desempleo, sobre todo en ciertos sectores no ha dejado de crecer. ¿Es esto consecuencia de la introducción masiva de la tecnología en todos los sectores de la economía? Creo que negarlo sería como vivir en otro mundo; es decir, sí; el desempleo y el aumento del paro ha sido consecuencia directa y real provocado por la introducción generalizada de las nuevas tecnologías en esta nueva era en la que hemos entrado, llamada la "cuarta revolución industrial". A pesar de ello, según las estimaciones de algunos organismos económicos, en Europa hay un millón de puestos de trabajo por cubrir ya que no existen suficientes trabajadores especialmente cualificados para llenar esos puestos, sobre todo en la nueva economía digital.

Esta nueva realidad es particularmente relevante en los países industrializados y técnicamente más avanzados; sin embargo, en los países en vías de desarrollo este fenómeno, pensamos que tardará todavía unas décadas en manifestarse ya que muchos de estos países se encuentran todavía en la segunda o tercera revolución industrial y existen numerosas oportunidades en esos mercados que ofrecen miles de puestos de mediana y alta cualificación. A este propósito me gustaría contar una anécdota real y personal que me ocurrió hace algunas décadas.

Cuando terminé mis estudios de economía en una Universidad europea y habiendo obtenido mi título de economista, yo y un compañero de estudios empezamos a buscar trabajo enviando cientos de cartas a empresas multinacionales y a otros organismos internacionales de los que el país en cuestión estaba bien nutrido. El resultado después de unos meses de intensa búsqueda fue nulo; las respuestas más numerosas de las empresas eran del tipo "necesitamos candidatos con experiencia" o "como Vd. sabe, estamos en plena crisis y las nuevas contrataciones están totalmente cerradas", lo sentimos. No hay que olvidar que el año 1974 fue el de la gran crisis petrolera, por la que los países árabes productores de petróleo decidieron cuadruplicar de la noche a la mañana, el precio del petróleo, lo que afectó de manera brutal a todas las economías en el mundo.

Así las cosas y después de unas semanas de reflexión, y ante la falta de perspectivas cogí un mapa mundi, puse el dedo en un país de Sudamérica (petrolero por cierto) y allá que me fui a probar suerte: después de un mes y de algunas gestiones y algunos contactos, un despacho de consultores me seleccionó para el puesto de Gerente de una empresa mediana del sector metalúrgico.

Allí me tienes con 25 años y haciéndome cargo de una empresa con 80 trabajadores de varias nacionalidades y con la responsabilidad de llevar a buen puerto aquel barco que estaba en razonablemente buenas condiciones. Ni que decir tiene que los primeros meses, la ansiedad y el estrés por la falta de experiencia hacían su presencia casi a diario; pero como buen navegante (llevo 40 años navegando), conseguí hacerme con aquella nave y con su tripulación. Pasado un tiempo, me llegó a través de un contacto una oferta de una multinacional americana para hacerme cargo del departamento financiero, oferta que acepté al pensar que suponía una mejora considerable en mi carrera y de condiciones laborales. Allí estuve varios años, hasta que después de 7 años en ese país y viendo los cambios drásticos que se avecinaban en la política, decidimos con la familia regresar a España.

He contado esta anécdota personal porque la considero oportuna para los miles de jóvenes licenciados o profesionales cualificados que dadas las circunstancias en Europa les es difícil encontrar un trabajo o un puesto adecuado a sus posibilidades. Cuando hablo de oportunidades, me refiero a oportunidades reales que cambian radicalmente las perspectivas laborales y de futuro de muchos jóvenes en la vieja Europa. Además, con un añadido, el que viene de Europa está muy bien considerado y mejor valorado. El único obstáculo es el miedo; y hay que aprender a gestionarlo.

A veces es bueno, como nos han mostrado tantas personas destacadas y que han encontrado su talento, distanciarse de la vida que has conocido y buscar un entorno más apropiado para tu crecimiento.

EL TELETRABAJO

Otro de los cambios, y no el menos importante, que ha provocado la transformación tecnológica de la que hablamos es el Teletrabajo. Esta nueva modalidad de trabajar y producir para las empresas, en realidad no es tan nueva, personalmente llevo veinte años teletrabajando y dando servicio a los clientes, pero se ha visto incrementada y acelerada por un acontecimiento importante como es el Covid-19.

Esto ha supuesto para muchas empresas un cambio radical al descubrir y comprobar que muchas de las funciones que antes se hacían dentro de la empresa se pueden hacer a distancia y sin presencia física dentro de las instalaciones. De pronto, la mayoría han constatado que frente al temor inicial de perder el control de sus trabajadores y a la falsa idea de que podría provocar una pérdida de control y de productividad que afectase directamente al rendimiento de la empresa, han podido comprobar después de varios meses de práctica, que no sólo no ha afectado al rendimiento de la empresa sino que lo ha incrementado de forma notable al reducir de forma importante varios costes fijos y variables como son los alquileres de oficinas, los gastos en transporte y energía de sus empleados, así como los costes de estructura en material, dispositivos, y equipos de oficina y otros costes derivados como las pérdidas de tiempo de miles de horas en los trayectos de transporte.

Al mismo tiempo, este cambio en la forma de trabajar ha supuesto para miles de trabajadores una mejora importante en su calidad de vida en general, permitiendo que la ansiada conciliación familiar fuera posible por ejemplo, además de representar una mejora en la salud tanto física como mental de muchos trabajadores al disminuir considerablemente el estrés derivado de los horarios y los tiempos de transporte así como una mejora física por la disminución de la polución que comportan estos desplazamientos. No menos importante igualmente es la mejora en la sensación individual de ser tu propio jefe y de tener más control sobre el tiempo y la vida personal.

Obviamente, al lado de estos aspectos positivos, muchos trabajadores han podido experimentar ciertas sensaciones y emociones nuevas como un cierto aislamiento y sensación de soledad, la pérdida de las pausas y los cafés compartidos, una disminución de los contactos sociales con otros colaboradores e incluso alguno me ha comentado, la añoranza por las reuniones presenciales donde además de compartir el ambiente y la cultura de la empresa se ha echado en falta también la aportación de ideas nuevas e innovadoras que a diferencia de las reuniones virtuales parecen surgir con más facilidad y frescura en las reuniones presenciales. El contacto físico sigue siendo importante pues seguimos siendo seres sociales.

Algunos des estos inconvenientes se han resuelto de forma bastante eficiente por el empleo masivo de las nuevas tecnologías como las plataformas Zoom o Skype para las entrevistas y las reuniones, y con otras más utilizadas como los emails, el whatsapp, los teléfonos móviles, el escáner, o algunas aplicaciones de comunicación específica dentro de algunas empresas.

En definitiva, la nueva economía digital con todos sus medios novedosos ha venido para quedarse y creemos que no hay vuelta atrás, sino todo lo contrario, a medida que avancemos en innovación y desarrollo de nuevos dispositivos y nuevas aplicaciones, la economía, los trabajadores, y las empresas sufrirán una transformación tal que dentro de unos años no se parecerán en nada a las formas de trabajar y producir que hemos conocido hasta ahora.

Así pues, pensamos que el Teletrabajo aporta muchos más beneficios que pérdidas a las empresas y los trabajadores. La empresa del siglo XX con estructuras masivas y miles de trabajadores en sus instalaciones ha muerto, salvo claro está, en ciertos sectores de producción en cadena. Lo que viene es el trabajador Autónomo, el trabajador del Saber y el Experto que vende sus conocimientos y sus servicios a un número cada vez más numeroso de empresas o instituciones.

REINVENTARSE O RECICLARSE

La consecuencia de todos estos cambios introducidos por las innovaciones tecnológicas en los últimos tiempos nos obliga con frecuencia a reflexionar sobre nuestra vida y nuestras circunstancias y a replantearnos cómo va a ser nuestro futuro en el trabajo, en la familia, y en nuestras relaciones sociales, una vez que hemos sufrido las consecuencias de esos cambios.

Las palabras reciclarse y reinventarse se han puesto muy de moda en los últimos tiempos y aunque a muchos todavía nos cuesta bastante entender el verdadero significado de estas expresiones, no hay duda que se han convertido en vocablos parecidos a las luces de alarma en un coche cuando hay algún elemento que no va bien.

En un librito delicioso publicado en el 2012 por el filósofo catalán Antonio Fornés titulado "Reiníciate" éste analiza y hace un repaso de la vida de varios hombres famosos y destacados en la historia (Kant, Pascal, Gauguin, Voltaire etc...) que demuestra cómo estos hombres cambiaron el curso de sus vidas y en algún caso cambiaron el curso de la historia al haber descubierto su talento y su verdadera vocación y cómo rompieron con su pasado y su antigua profesión enfrentándose a sus miedos y a sus familias para dedicarse a aquello que más les motivaba y que creían ser la ocupación para la cual estaban destinados y con la que más valor podían aportar a la sociedad. Así Kant pasó de ser un prestigioso abogado a uno de los filósofos más importantes de la historia; Gaugin cambió su antigua profesión de bróker en la bolsa de París para dedicarse en cuerpo y alma a su vocación que era la pintura convirtiéndose también en uno de los pintores más destacados del impresionismo etc...

Casi todos en algún momento de nuestras vidas hemos experimentado una o varias crisis personales en las que hemos sentido que no íbamos bien por el camino escogido o incluso cuando alguna circunstancia excepcional como un despido del trabajo, o un fracaso empresarial o profesional, nos han sacudido y nos han hecho pensar y reflexionar que tal vez si cambiáramos de rumbo o nos dedicáramos a otra cosa nos iría mejor y estaríamos más satisfechos.

Lo que ha cambiado en las últimas décadas es la rapidez y la regularidad con la que se suceden los cambios a todos los niveles haciendo que las crisis personales y sociales sean cada vez más frecuentes y en algún sentido más duras al no entender con frecuencia lo que está pasando. Por eso, el éxito reciente de los libros de autoayuda que han crecido como la espuma para solucionar esas crisis personales por un lado, y por otro, la proliferación de cursos y masters de todo tipo y en todos los ámbitos para tratar de poner al día a mucha gente que no encuentra su verdadero rumbo.

Como hemos dicho en el subcapítulo anterior hablando del Talento una de las cualidades más demandadas en el futuro será la formación continua y el aprendizaje permanente.

CAPÍTULO TRES

LA NUEVA ECONOMÍA

"Ninguna sociedad puede prosperar y ser feliz si en ella la mayor parte de los miembros es pobre y desdichado".
(Adam Smith, la riqueza de las naciones, 1776)

"La economía es la ciencia social que se ocupa de la mejor asignación de los escasos recursos existentes en el mundo para satisfacer una demanda sin límites". Esta definición entre otras refleja bastante bien de qué se ocupa la economía o en qué consiste. Actualmente y en algunas épocas esta afirmación puede parecer una paradoja, especialmente en los tiempos de crisis donde la demanda y el consumo caen drásticamente y lo que hay es un exceso de oferta como se está viendo en esta reciente crisis en la que sobran coches, petróleo, asientos en los aviones, habitaciones de hotel...

En el pasado la economía se centraba sobre todo en la extracción, producción, distribución y venta de la mayoría de los recursos existentes. Hoy día, cuando hablamos de nueva economía nos referimos a una nueva realidad reflejada en expresiones como economía circular, economía digital, economía verde, desarrollo sostenible, etc... estos términos no son solamente una nueva moda pasajera para referirse al estado actual de las cosas, sino que son expresiones que definen la nueva realidad de la economía que marcha en paralelo con la economía tradicional de producir, transportar, distribuir y vender.

En los inicios de la humanidad y durante muchos siglos los hombres eran básicamente cazadores recolectores y no fue hasta el inicio y establecimiento de la agricultura y la ganadería en la antigua Mesopotamia que el ser humano una vez asentado y estable empezó a reconocer el valor de las cosas que producía mediante el intercambio de los productos agrícolas y la venta del ganado por otros productos con otros pueblos. Fue esa conciencia de propiedad y valor intercambiable lo que dio origen a la economía tradicional que persistió a través de los siglos y fue el inicio de la riqueza de muchos países, hasta que en la Edad Media aparece y se llena de valor la figura del Artesano en las más diversas ramas. Posteriormente en el siglo 18 comienza la primera revolución industrial con la producción de las primeras máquinas que aceleran e incrementan enormemente la productividad en la economía, junto con la expansión del comercio internacional que se acrecienta en el siglo XIX con la producción masiva de maquinaria de todo tipo, el ferrocarril, etc... y es en el siglo 20 con las nuevas invenciones y la expansión tecnológica y con el comienzo de la Globalización, cuando se alcanzan los mayores niveles de producción y bienestar para una gran parte de la población en el mundo.

Pero es en el siglo 21 del que sólo llevamos una quinta parte recorrida, cuando literalmente se disparan la innovación, la investigación y el desarrollo de las más sofisticadas máquinas y dispositivos y de las más variadas tecnologías y aplicaciones que están teniendo un impacto revolucionario en las actuales formas de producir, distribuir, transportar, y comunicar que el ser humano haya conocido antes. Desde este nuevo estado de cosas al que hemos llegado es de donde nace lo que llamamos la Nueva Economía cuyas diferentes facetas tratamos a continuación.

ECONOMÍA DIGITAL

La economía digital es la que está basada en las nuevas tecnologías (Tic's) y las utiliza como nuevo instrumento eficiente para cubrir las necesidades de bienes, servicios, comunicación y ocio de los consumidores de una forma inmediata, compartida y global. Esto es posible gracias a Internet y a las innumerables aplicaciones desarrolladas específicamente para cada sector.

La economía digital es una nueva forma de producción, consumo, información y comunicación. Se trata de un complejo proceso que conlleva cambios en la organización social, económica y política de los países, y por sí solo representa un ecosistema basado en una infraestructura de las redes de comunicación, los servicios de procesamiento y las tecnologías web cuyo desarrollo e implementación contribuyen al rápido desarrollo de los países. La componen cuatro elementos clave: la infraestructura de telecomunicaciones, las redes de banda ancha, el comercio electrónico, y los usuarios finales (personas, empresas, gobiernos, instituciones...).

Las características más destacadas de la nueva economía digital son: generan conocimiento en todas sus vertientes mediante plataformas como wikipedia (biblioteca universal y gratuita) y de acceso inmediato, los millones de vídeos cargados diariamente en youtube, las conferencias virtuales sobre los más variados temas (charlas TED), y la comunicación en tiempo real entre personas y empresas con aplicaciones como Zoom, Skype etc...

Todos hacemos y practicamos la economía digital a diario cuando enviamos un correo electrónico a un cliente o proveedor o a un amigo; cuando hacemos una transferencia de dinero desde casa sin necesidad de ir al banco, cuando hacemos un pedido de comida u otros artículos al supermercado, cuando reservamos un billete de avión o una habitación de hotel sin movernos de nuestra silla, cuando vemos una película en nuestra pantalla o cuando asistimos a un concierto de música sin estar presente; cuando tenemos la consulta del médico a través de nuestro ordenador casi de forma presencial, y cuando hablamos y vemos a nuestros familiares y amigos por whatsapp o facetime.

La adaptación a esta nueva forma de economía digital es relativamente sencilla entre las personas, y de hecho la mayoría la practicamos a diario, sin embargo, donde adquiere su verdadero valor y relevancia es en su implantación en las empresas, en los Gobiernos y en las instituciones. Es aquí, donde se necesitan diseñar verdaderos y eficientes planes de transformación digital para que su implementación tenga los resultados beneficiosos que espera la sociedad. Para ello hay que contar con expertos competentes en las nuevas tecnologías que nos ayuden en tal cometido y no basta con decir que una empresa o institución se ha transformado en digital por el mero hecho de decirlo o de tener un plan previsto al efecto.

Entre los numerosos beneficios que comporta la adaptación a la nueva economía digital están: el acceso inmediato y casi ilimitado al Conocimiento, a la innovación precisamente por la colaboración y el compartir ese conocimiento, la inmediatez aplicada a todos los procesos, la desintermediación al unir directamente productor y consumidor de forma directa, la Globalización; las empresas mejoran sus procesos y reducen sus costes de transacción, los Gobiernos mejoran sus servicios a los ciudadanos y mejoran su transparencia, y finalmente los ciudadanos disponen de una mayor información y por tanto mayor elección en sus decisiones lo que mejora la competencia y la productividad de las empresas.

Del lado negativo, hay que decir que las nuevas tecnologías producen una brecha digital entre los ciudadanos que tienen acceso a estas y los que no tienen acceso o no pueden en varias partes del mundo por un lado; e igualmente esta brecha se hace palpable entre los consumidores habituados a esta nueva realidad digital y los que por edad u otras circunstancias les cuesta más entrar en la nueva economía.

Otro efecto negativo son los miles de desempleados que están creando estas nuevas tecnologías y que no son fácilmente recuperables, aumentando de este modo las cifras del paro en numerosos sectores y países.

Para intentar disminuir esta brecha digital entre los que no tienen todavía acceso por distintos motivos y entre las personas mayores a las que generalmente les cuesta más ponerse al día se hace necesario implementar por parte de los Gobiernos y otras instituciones la implementación de programas de educación en técnicas digitales con el fin de que la mayor parte de la población sea beneficiaria de los resultados positivos de la digitalización. Es una cuestión de justicia y de progreso para los países.

ECONOMÍA CIRCULAR

En la economía tradicional el ciclo de vida de un producto consiste en la extracción, producción, transporte, y consumo final y muerte de ese producto. Es un círculo cerrado.

En la economía circular ese mismo producto tiene varias vidas pues es un modelo que consiste en compartir, alquilar, reutilizar, reparar, y renovar materiales y productos existentes todas las veces que sea posible para crear un valor añadido. De esta forma el ciclo de vida de los productos se extiende. ¿Cuales son las consecuencias de adoptar este modelo de producción y consumo?

Los beneficios para la economía, para el medio ambiente y para la sociedad son enormes ya que el principio en el que se basa este nuevo modelo consigue dar varias vidas a los productos que consumimos con lo que se produce un ingente ahorro (valorado por la CEE de más de 600.000 millones de euros) con la reutilización de las 2.500

millones de toneladas de residuos que generan las empresas y los hogares en la UE; esto equivale al 8% del volumen de negocios total de la zona, además de reducir entre un 2 y 4% las emisiones al medio ambiente. Pero además, esta nueva forma de producir, reutilizar y consumir podría generar hasta 500.000 empleos en las industrias auxiliares que se crearían al efecto. Aunque las bondades del modelo no acaban ahí ya que la reducción que se produciría en la extracción de materias primas necesarias para su producción generaría otros beneficios adicionales que preservaría más los recursos existentes que son finitos y ayudaría igualmente a reducir la huella de carbono sobre el medio ambiente que producirían la extracción y transporte de esos materiales.

La Unión Europea está seriamente implicada en ello a través de una serie de programas y de ayudas financieras para impulsar este nuevo modelo de economía. En un estudio realizado también por la Comisión Europea para América Latina se calcula que el 50% de los residuos son materia orgánica, de los cuales el 90% no se usa o va a la basura. Según esta Comisión, mejorar la eficiencia y la vida útil de materiales en esa región podría llegar a generar 5 millones de empleos.

En Alemania y Japón la interpretación de la economía circular se basa en las 3R (reducir, reciclar y reutilizar), la idea es que el actual flujo de los materiales (recurso, producto, residuos) tiene que ser transformado en un flujo circular de (recurso, producto, recurso reciclado).

Con este nuevo modelo de pensamiento económico se consiguen varias cosas como hemos comentado; por un lado se alarga la vida de los productos dándole varias nuevas vidas, se limita la explotación de los recursos limitados en la tierra, y se mejora la calidad del Medio Ambiente siquiera por la limitación del uso de los hidrocarburos y los combustibles fósiles y su sustitución progresiva por energías renovables más limpias.

Pondremos el ejemplo de una empresa mundial conocida por todos como es Apple. En Apple Robotics, disponen de un robot desensamblador de los iphones que tiene 29 brazos y es capaz de desmantelar un iphone defectuoso en 11 segundos y separar sus componentes en materias reutilizables. Hasta la fecha con este robot, Apple ha ahorrado 60 millones de euros en material reutilizable para productos futuros, incluidos 1000 kg de oro por un valor de unos 40 millones de oro.

Se calcula que en los países industrializados el 30% de la comida termina en la basura. Este es otro ejemplo de que incluso los residuos pueden gozar de una nueva vida y ser útiles al planeta mediante su reutilización como biomasa o material orgánico.

ECONOMÍA COLABORATIVA

La economía colaborativa o compartida podemos definirla como una relación entre particulares para realizar transacciones en el mercado online; a veces, este intercambio se hace a través de un intermediario o de una plataforma. De este modo el consumidor actúa con un doble rol, unas veces como proveedor de bienes o servicios y otras veces como consumidor. Se calcula que la economía colaborativa mueve actualmente unos 200.000 millones de dólares al año. La razón y la finalidad de este nuevo sistema de intercambio (en la Edad Media ya existía el trueque) es el de dar y utilizar el verdadero valor de las cosas, dándole en muchos casos una segunda o tercera vida lo cual beneficia tanto a los propietarios de los bienes como a los consumidores, con lo cual ambos salen ganando.

Como acabamos de decir este intercambio puede ser entre particulares independientes o través de una plataforma (Uber, Ebay, Airbnb), donde se puede intercambiar toda clase de bienes y servicios, el coche, la casa, el trabajo, los servicios profesionales etc... A veces se habla de forma inadecuada de Uberización de la economía por ser esta una de las primeras plataformas que inició este sistema de intercambio. Esto ha sido posible y al mismo tiempo impulsado por los cambios tecnológicos, económicos, políticos y sociales que se han producido en los últimos tiempos. La web e Internet lo ha transformado todo, las dos grandes recesiones ocurridas en los últimos diez años también han influido de forma determinante a cambiar los hábitos y la manera de consumir de los ciudadanos, y finalmente el modelo tradicional de consumo de usar y tirar ha empezado igualmente a ser cuestionado seriamente.

La idea central e impulsora de este sistema es que "el valor que no es utilizado es valor perdido"; la consecuencia de esto ha llevado a incrementar el consumo colaborativo bajo una de sus premisas que dice "lo que es mio es tuyo". Esta nueva forma de consumir y de hacer las cosas ha provocado un cambio disruptivo en el consumo y en la economía cuyo final no se vislumbra en el medio plazo, sino que más bien anuncia un incremento importante de este nuevo sistema y de esta forma de intercambio en el futuro. Se calcula que el valor intercambiado para 2025 alcanzará los 300.000 millones de dólares, un volumen de negocio que supera el PIB de muchos países.

Entre los beneficios que genera esta nueva modalidad de economía cabe destacar los siguientes:

- Reduce el impacto ambiental negativo al disminuir la producción de la cantidad de bienes, reduciendo de paso la contaminación de la industria.
- Reduce los costes de consumo al reciclar los artículos intercambiados.
- Da acceso a las personas a los bienes que no pueden comprar.
- Fortalece las comunidades.
- Acelera los patrones de consumo y producción sostenibles.

Del lado negativo sus principales consecuencias son:

- La pérdida de empleo y el aumento del paro.
- Bordea la ley en varios aspectos sobre todo en lo que respecta a la protección de los trabajadores.
- Favorece el incremento de nuevas plataformas, y start-ups cuyo único objetivo es el beneficio.

Todo esto nos conduce a la consideración y la implantación de una economía más sostenible.

ECONOMÍA SOSTENIBLE

La Ley de Economía sostenible publicada en el BOE del 5 de marzo de 2011 la define como un patrón de desarrollo y crecimiento económico, social y ambiental en una economía productiva y competitiva, que favorezca el empleo de calidad, la igualdad de oportunidades, que garantice el respeto ambiental y el uso racional de los recursos naturales.

En este sentido, la misión del desarrollo sostenible es, además de producir, la protección del medio ambiente mediante la utilización de las energías renovables, la apuesta por la eficiencia y el aprovechamiento de los recursos naturales escasos, el fomento del reciclaje y la disminución del consumo y finalmente el aumento del bienestar social a través de la educación y la innovación.

¿Cómo se consigue esto? Una vez más, el sistema económico vigente hasta ahora estaba basado en el crecimiento y la producción de bienes sin límite y se ha llegado al momento que hemos observado que los recursos de este mundo son limitados y que el daño medioambiental provocado por esta carrera desenfrenada de crecimiento y aumento del PIB de los países tiene un límite que estamos viendo a diario en todas las sociedades y que nos lleva a un punto de reflexión, de parar y volver a empezar o como se emplea en lenguaje electrónico, de "resetearnos".

El objetivo de las economías a nivel mundial no debe ser a partir de ahora una carrera loca por aumentar el producto nacional bruto (PIB) aún a sabiendas que es un índice fácil que indica el progreso de los países y así se pueden comparar los unos a los otros en una especie de competición de resultados deportivos, sino que la meta a alcanzar es por supuesto, aumentar la producción, pero de una forma más sostenible y menos perjudicial para las personas, la sociedad y el medio ambiente mediante las nuevas técnicas y procedimientos más limpios y acordes con el respeto a la naturaleza.

Hasta ahora el objetivo de casi todos los países ha sido aumentar el PIB (Producto interior Bruto) es decir la cantidad de bienes y servicios; con la economía sostenible importa más la calidad que la cantidad y ello se conseguirá mediante el desarrollo de políticas dirigidas a promocionar la utilización de fuentes de energías renovables, y fomentar la competitividad de actividades sostenibles que inviertan en el desarrollo de la innovación y la educación.

En resumen, los Gobiernos tienen la obligación de favorecer e impulsar el crecimiento mediante las políticas adecuadas, ya que sin crecimiento no hay nada; pero también están obligados a impulsar el desarrollo humano y social de los países que dirigen con el fin de conseguir los mejores niveles de bienestar en la sanidad, la educación, y la seguridad que es lo que hará que la sociedad sea más justa e igualitaria.

ECONOMÍA REAL

Por economía real entendemos la economía que extrae, produce, transforma, transporta, comunica, vende y distribuye los bienes que consumimos a diario las personas en todo el mundo. En este intercambio regular y permanente intervienen las personas, las empresas, las instituciones y los Gobiernos que rigen las normas y dictan las leyes para que este intercambio sea lo más justo e igualitario posible.

Hoy ya no estamos en los tiempos en que Adam Smith que impulsado por su optimismo e idealismo dijo aquello que los mercados son tan eficientes que se autorregulan y siempre tienden al equilibrio de precios, condiciones, etc… ("la riqueza de las naciones 1776"). La economía actual está formada por otras fuerzas, además de los mercados que son los actores principales; cada vez cobran más fuerza, los Gobiernos, las grandes corporaciones, los grupos de presión, los cárteles, los bancos, y los paraísos fiscales hasta el punto que los mercados actuales conforman una realidad bastante desfigurada de aquel mercado ideal soñado por Adam Smith.

Cuando la señora María va al mercado o al supermercado a hacer su compra semanal está haciendo economía real como consumidora de una serie de productos que para estar disponibles en las estanterías han recorrido todas las fases de la economía real; es decir, han tenido que ser extraídos o recolectados, fabricados, transformados, empaquetados, transportados y distribuidos hasta llegar a su destino, o sea el consumidor. Esto es economía real.

Cuando el fabricante de una fábrica de componentes para el automóvil encarga una maquinaria a un país productor distinto del que reside, se pone en marcha toda la cadena de valor que hace posible que esa máquina fabricada a miles de kilómetros sea un factor esencial para que la fábrica de automóviles a la que suministra el fabricante de componentes pueda producir y entregar el automóvil encargado por un cliente. En el proceso, se han creado unas decenas de puestos de trabajo, se han producido y consumido una serie de recursos, se ha activado el mecanismo de exportación-importación, posiblemente la compra se ha financiado mediante un préstamo del banco y finalmente se han generado y pagado una serie de impuestos que servirán para alimentar los presupuestos de los Estados. Esto es economía real.

Economía real es también, cuando un ciudadano decide comprar una vivienda y mediante esa decisión se activa todo el proceso desde la compra del suelo, los permisos necesarios, el diseño del proyecto por un arquitecto, la construcción de la estructura con el cemento y el hierro vendidos por un proveedor, la construcción de la casa con sus distintas estancias en la que han intervenido por supuesto, los albañiles, el fabricante de ladrillos, azulejos, ventanas, puertas, cristales, electricidad, pintura, fontanería etc..etc... hasta finalmente cuando la casa está acabada entregarla al cliente que seguramente también habrá pedido un préstamo al banco y al final habrá liquidado igualmente los impuestos correspondientes. Esto también es economía real.

La economía real genera puestos de trabajo, genera productos, produce cosas útiles como los alimentos, los vehículos, las casas, las máquinas, los aviones etc... y genera impuestos tan necesarios para mantener el estado del bienestar social; al contrario de la economía financiera que muchas veces lo que produce es especulación y burbujas catastróficas como se ha visto en la última crisis de 2008 con sus terribles consecuencias para las personas y la sociedad.

ECONOMÍA FINANCIERA

La economía financiera está formada principalmente por unos cuantos agentes económicos como los bancos, las cajas de ahorros privadas o públicas, la Bolsa, las financieras privadas, los organismos de financiación públicos como el ICO (instituto de crédito oficial), los fondos de inversión y los fondos de pensiones, las aseguradoras, y más recientemente, los fondos de capital riesgo, el crowdfunding, etc... Dentro de estos Agentes de financiación hay que distinguir los que son útiles y necesarios para el desarrollo de la actividad económica (bancos, cajas, el ICO, la Bolsa etc...) y los que son inútiles y además perjudiciales para el conjunto de la economía (ciertos fondos de inversión, fondos buitre, el mercado de futuros, el forex o mercado de divisas, los paraísos fiscales, o el dinero proveniente de actividades ilícitas).

Las finanzas o el dinero legal son la sangre o el sistema circulatorio del cuerpo económico, es decir de la economía; aquí se enmarcan los bancos, financieras, organismos públicos etc... que ya hemos mencionado. Por el contrario, en el segundo grupo están, ciertos fondos llamados buitre o de alto riesgo, el mercado de futuros con sus swaps, ICF, compras en corto etc... desconocidos para la mayoría de los ciudadanos, el mercado de divisas donde se especula con su cotización las 24 horas del día y cuya finalidad sólo es obtener un beneficio rápido en cada transacción sin tener nada que ver con la economía real, o el inmenso casino que representan los paraísos fiscales, totalmente legales y autorizados por los Gobiernos, donde se juega a apostar rojo o negro cada día con un dinero que escapa a cualquier control de los Gobiernos y que representa un volumen mundial de cerca de 5 billones de dolares según algunas estimaciones.

Así pues, de esta forma, la economía mundial se mueve y gira en dos niveles superpuestos como en un duplex de dos pisos que se comunican mediante unas escaleras en forma de espiral, pero que llevan vidas totalmente paralelas e independientes. De este modo, mientras el piso de abajo ocupado por la cocina, el salón, el estudio para trabajar, lleva una vida relativamente normal; el piso de arriba ocupado por los dormitorios, se dedica a descansar y a pensar en cómo dar más trabajo al piso de abajo. De vez en cuando, en el piso de arriba y debido a que sus moradores pasan la mayor parte del tiempo dedicados al ocio o a descansar, se produce una inundación o un escape de material tóxico (burbujas, crisis, especulación etc...) que irrumpe súbitamente en el piso de abajo produciendo enormes daños materiales y en sus moradores (la economía real, la gente normal).

Me he permitido la licencia de este ejemplo virtual para ilustrar siquiera mediante una aproximación lo que está sucediendo diariamente en la economía mundial, es decir que esa interacción entre el piso de abajo (economía real) y el piso de arriba (economía financiera) sigue produciendo unos desequilibrios, unos desajustes y unas desigualdades para los ciudadanos que son el germen del descontento actual y de la frustración general, sobre todo de los jóvenes, que al ver que la casa global en la que viven no está funcionando correctamente, principalmente porque los del piso de arriba (especuladores, fondos, grupos de poder, políticos) están constantemente arrojando desperdicios y elementos tóxicos a los del piso de abajo impidiendo que lleven una vida normal y ejerciendo una presión enorme que tiene totalmente dominados a los del piso de abajo quienes tienen que soportar sus desmanes. Warren Buffet, posiblemente el mejor financiero del mundo, ya dijo que la economía financiera de los productos tóxicos (futuros, forex etc..) son bombas de destrucción masiva, capaces de producir enormes daños irreparables.

La pregunta pues que podemos hacernos es: ¿Cómo puede liberarse la economía real de los huéspedes del piso de arriba que representan a la economía financiera para que no sigan molestando y perjudicando a los huéspedes del piso de abajo, los de la economía real? Esta es precisamente una de las funciones principales de los Gobiernos, es decir, la de establecer unas normas y unas regulaciones que vigilen y controlen a estos huéspedes peligrosos, mediante sanciones e impuestos que impidan y desmotiven a esos actores realizar acciones que puedan dañar y perjudicar seriamente a la economía real y a la gente normal.

Creo que la finalidad de toda sociedad es hacer que las instituciones funcionen, que las reglas y las leyes se apliquen, que se establezca un control eficaz sobre su aplicación, que se respete la propiedad privada, que dejen a la economía funcionar de forma independiente y eficiente dentro de un marco regulatorio acordado por todos. Pero no podrá haber justicia social si no hay antes justicia económica, y de esto también tiene que ocuparse el Gobierno pues su principal cometido es proporcionar el mayor bienestar a los ciudadanos.

LA DEUDA

La deuda mundial está compuesta por tres actores principales: la deuda pública de los países, la deuda de las empresas y la deuda de las familias. Según el IFF, Instituto de Finanzas Internacional la deuda total mundial en 2019 asciende a: 255 billones de dólares, (220 billones de euros) (!)... asusta verdad? Esta se reparte de la siguiente manera: 70 billones $ de los Gobiernos; 100 billones $ de las empresas; 85 billones $ de las familias aproximadamente (ahí entran también las deudas de los bancos entre sí y la de los bancos con los bancos centrales). Frente a este panorama que sólo de pensarlo produce escalofríos. ¿Qué se puede hacer? ¿La economía por sí sola va a ser capaz de resolver este enorme problema mediante más crecimiento u otras medidas? ¡Sinceramente creemos que no!

En el primer mes de la pandemia del Covid-19, la deuda mundial creció 2,5 billones $ frente a los 0,9 billones $ que había crecido en el mismo mes del año anterior. Podemos intuir que en los meses posteriores y en lo que queda hasta que termine la pandemia, la deuda va a dispararse de una forma exponencial viendo solamente los programas de endeudamiento masivo que han implementado los bancos centrales y la mayoría de los Gobiernos para intentar paliar y estabilizar el enorme descenso de la actividad y del comercio internacional en todo el mundo.

¿Cómo salimos de esta?... esa es la pregunta del millón, como se suele decir... Carmen Reinhart, directora del Banco mundial ha apuntado recientemente que tanto las familias como las empresas van a tener muy difícil salir de ésta situación de endeudamiento, ya que los bancos centrales pueden seguir imprimiendo dinero como lo están haciendo, por ejemplo, la Reserva Federal en Estados Unidos y no pasa nada, ya que la deuda pública puede convertirse en deuda perpetua, es decir, que no se paga nunca; al contrario, las empresas y las familias lo tienen más complicado pues ya sabemos lo que ocurre cuando no se paga una deuda: embargos, demandas, moratorias, refinanciaciones etc... el cuento de nunca acabar, dejando por el camino miles de cadáveres económicos y de familias y empresas destrozadas.

Carmen Reinhart sugiere una solución, siquiera parcial, que podría aliviar y ayudar de algún modo a remontar paulatinamente esa situación mediante una "quita", palabra maldita para los bancos y los acreedores, pero que en una situación excepcional como la que está viviendo el mundo hoy, podría ser una salida a los inmensos problemas y situaciones dramáticas que están viviendo la mayoría de los agentes sociales.

Mediante esta solución, una parte de la deuda podría ser "perdonada" o borrada, y la parte restante podría ser refinanciada con unas condiciones más asequibles para que tanto las empresas como las familias pudieran empezar a vislumbrar un futuro más positivo. En el fondo, esto es lo que hacen muchos Gobiernos en el mundo cuando de tanto en tanto se ven superados por las deudas.

Si miramos de cerca el panorama internacional veremos que muchos países tienen grandes problemas con la deuda, y no nos referimos exclusivamente a los países en vías de desarrollo... sólo con una ojeada a algunos países desarrollados como España, Italia, Japón, Estados Unidos, Inglaterra, veremos que el futuro antes de arreglar este acuciante problema, es más bien incierto.

España hace diez años tenía una deuda pública del 80% del PIB, hoy tiene una deuda pública del 120% sobre el PIB. Inglaterra anda por ahí también, Italia ya va por 140%, Estados Unidos ronda el 110% y finalmente Japón, (el laborioso Japón) tiene una deuda pública del 250% sobre el PIB.

El consenso general sobre el estado de la deuda pública en un país debe estar alrededor del 60%; es lo que la OCDE (Organización para la cooperación y el Desarrollo) recomienda.

De nuevo nos preguntamos ¿Quién arregla esto? ¿Cómo se ha llegado a esta situación insostenible se mire como se mire? ¿Cómo es posible que el tercer país más desarrollado del mundo como es Japón tenga una deuda pública del 250% de su PIB?... ¿Por qué nadie, ningún país o foro internacional habla de esto? Es verdad que la mayor parte de esa deuda es interna, es decir, la poseen los propios japoneses, y en cierto modo es menos grave que cuando la deuda es externa, o sea que se la debes a otro país o a otros ciudadanos fuera de tu país; pero no deja de ser una inmensa bola de nieve que si los ciudadanos japoneses decidiesen de golpe rescatar sus títulos y bonos públicos, podría convertirse en una bomba nuclear para las finanzas mundiales.

La economía mundial está en estos momentos inmersa en una crisis de deuda global que si llegase a estallar, estimamos que sería la mayor de las crisis del sistema capitalista desde su implantación. No debemos olvidar que la mayoría de las crisis se producen o por un aumento excesivo de la inflación, o por un aumento descontrolado de la deuda.

LOS CÁRTELES

La película oscarizada 4 veces "Network" de 1976 dirigida por Sidney Lumet e interpretada por William Holden, Peter Finch, Faye Dunaway cuenta la historia de un presentador de televisión que van a despedir por sus bajos índices de audiencia y que ante la tremenda presión a la que se vé sometido decide transformarse en un predicador anti-sistema logrando remontar y obtener un gran éxito mediático con un eslogan que los ciudadanos hacen suyo y jalean todas las noches desde sus balcones "estoy harto y ya no lo puedo soportar"… "repitan conmigo"…etc… La película es una gran sátira sobre el mundo de la televisión y las grandes corporaciones y el sistema mismo, mostrando la cara más despiadada, dura e injusta representada por el presidente de la corporación de medios, un tal Jensen, quien viendo el éxito renovado de su presentador lo llama para tener una reunión los dos, y en medio de la conversación y ante el espíritu idealista que muestra el presentador, Jensen le espeta: "la Democracia no existe; los Estados no existen; las Corporaciones son los nuevos Estados."

Cito esta breve historia para ilustrar después de más de 50 años, cómo se ha transformado el mundo de los negocios y en cierto modo también los valores de la sociedad actual. Si recorremos el mundo de país en país vemos que no más de dos docenas de grandes corporaciones dominan los negocios y de alguna manera el mundo. Me explico, nombres como Texaco, Aramco, Nestlé, Volkswagen, Bayer, Siemens, Bosch, General Electric, Cisco, Toyota, Samsung, Microsoft, Amazon, Facebook, Apple etc… estas son las grandes corporaciones y los "nuevos Estados" a los que se refiere la película. Sólo recordar de nuevo que Apple en su diferendo con la UE (Bruselas) por una cuestión de impuestos no debidamente ingresados en los estados donde obtiene sus ingresos, ha ganado la batalla a toda una EU, con sentencia incluida del tribunal supremo de la Unión Europea. (!) ¿Da que pensar, no?

Uno de los cárteles más influyentes en la historia económica reciente es el cártel de la Opep (Organización de países exportadores de petróleo) que fue creado en 1960 en Bagdad por varios países productores como respuesta al dominio de siete compañías multinacionales que tenían el control absoluto del mercado. Si bien los motivos iniciales estaban justificados y de alguna forma eran buenos para los consumidores al fomentar la competencia de la oferta de petróleo, todos sabemos lo que devino posteriormente la OPEP. Durante las cinco décadas siguientes esta organización de productores de varios países del Golfo, de América del sur y de Asia ha mantenido la economía mundial bajo su control dada la importancia de la materia prima que controlan.

Ellos solos han supuesto un verdadero poder mundial dentro del poder político, han dictado sus precios y sus condiciones a todo el mundo y cuando las condiciones no les eran favorables han provocado una de las mayores crisis económicas y sociales en el año 1974 cuando decidieron unilateralmente cuadruplicar el precio del petróleo poniendo con esta decisión a los pies de los caballos a toda la economía mundial. Personalmente todavía lo recuerdo pues fue cuando acabé mis estudios, y tanto a mí como a muchos compañeros nos fue imposible encontrar un puesto de trabajo ya que la mayoría de las empresas habían echado el cerrojo a la contratación ante estos aumentos brutales de precios y de costes que provocó una gran incertidumbre y una recesión profunda en la economía.

A éstas corporaciones son a las que se refiere la película Network cuando afirma que los Estados no existen y que las grandes corporaciones son los nuevos Estados. Pero hay más, aparte del petróleo que es la principal materia prima que necesitan todos los países; todos hemos oído hablar del cártel del acero, del cártel de las eléctricas, del cártel de la alimentación, del cártel de las farmacéuticas, del cártel de la automoción, del cártel del transporte marítimo, del cártel de las compañías tecnológicas etc...etc...

Estos grupos y corporaciones que detentan tanto poder y que controlan grandes sectores y espacios de la economía no sólo se limitan a acuerdos entre ellos para fijar precios, condiciones, y hasta normas que afectan a todos los ciudadanos, sino que además poseen sus propios grupos de presión, los llamados "lobbies" cuya misión es influir y presionar a los Gobiernos para que legislen en favor de sus propios intereses, olvidándose del principio general de la economía que es el bien común.

Todos recordamos algún ejemplo de sanción impuesto por algunos Gobiernos a ciertos grupos o corporaciones por sus prácticas poco éticas y en algunos casos directamente ilícitas. La "ley Antitrust" se implantó en Estados Unidos hace varias décadas, y más recientemente la UE también ha sacado su Ley anti-monopolio para frenar y en ocasiones sancionar las actividades de estos grupos en ciertos mercados. Es la esencia del capitalismo que marca la senda hacia los oligopolios.

Cada cierto tiempo aparecen en las noticias que un gran grupo automovilístico ha sido sancionado por la autoridad de la competencia de la UE o nacional; que las prácticas utilizadas por grandes corporaciones eléctricas para fijar precios no eran acordes con un régimen de competencia transparente y real; que la alianza formada por varias compañías alimenticias tenían como objetivo acaparar grandes espacios del mercado para distorsionar los precios y aumentar sus beneficios en detrimento de los consumidores; que grandes corporaciones de materias primas han firmado un acuerdo para desestabilizar los mercados creando una falsa sensación de abundancia o de escasez, según convenga a sus intereses, o sea especular, de nuevo para obtener mayores beneficios.

Recientemente todos hemos visto en la televisión cómo la comisión de la competencia del Senado en Estados Unidos citó a declarar a las cuatro grandes tecnológicas del sector, Apple, Amazon, Google y Facebook por ciertos indicios de estar aplicando algunas prácticas que vulnerarían directamente la ley Antitrust al margen de la representación más o menos teatral que supuso la citada comparecencia, todo quedó finalmente en alguna sospecha, alguna advertencia y una ligera sanción.

En conclusión, podemos ver que todos estos comportamientos y prácticas de dudosa legalidad provocan una distorsión en los precios, en la competencia, y en los mercados que hacen que el principio de competencia perfecta y la autorregulación de los mercados propugnada por Adam Smith sean más un buen deseo de los ciudadanos que una realidad del día a día.

PRODUCCIÓN Y CONSUMO

En las sociedades tradicionales el sector primario (Agricultura y pesca) representa el 85% de la actividad o más, el sector secundario (la industria) un 10% y el terciario (servicios) un 5%. Sin embargo, en las sociedades desarrolladas y avanzadas los porcentajes se invierten de manera que el sector primario representa un 5%, el secundario un 20% y el terciario representa el 75% de la producción de un país aproximadamente. ¿Qué quiere decir esto? Pues que a medida que un país se va desarrollando va pasando de una etapa a otra, pasando de una economía de subsistencia a una economía industrial y finalmente a una economía de servicios como la que tenemos en España y en la mayoría de los países desarrollados.

Hoy día, el sector más importante y que más valor aporta a un país es el sector servicios, seguido de la industria y finalmente la agricultura. A pesar de que el sector servicios es el más importante en los países avanzados, es, sin embargo, el sector industrial el que más empleos genera y de alguna forma constituye la columna vertebral de un país próspero.

Si tomamos los datos recientes de España, la Industria representa sólo el 11% del PIB habiendo reducido este sector en los últimos años del 25% al nivel actual. Esta situación tiene unas consecuencias directas sobre el nivel de empleo del país, generando unas tasas de paro de las más altas del mundo, especialmente en los jóvenes donde este porcentaje aumenta hasta el 40-50% por debajo de los 30 años según qué regiones. Si comparamos esta situación con países de nuestro entorno el sector industrial representa en Alemania el (31%), Suecia (30%), República checa (35%), Italia (25%) etc... observamos que estos países no solamente tienen un mayor nivel de vida que España, sino que además tienen las tasas de paro más bajas del mundo también, entre el 8-10%. Por lo tanto, no es difícil concluir que España tiene un déficit estructural del sector industrial y un déficit de puestos de trabajo que se podrían reconducir aumentando las inversiones de capital y formación en la industria; España necesita más industria.

En lo que concierne al sector servicios, también es un sector gran generador de puestos de trabajo, aunque no tanto como la industria, y en el caso concreto de España la aportación de valor y de empleo está distorsionada por la importancia que tienen el turismo y el comercio que dependen en gran parte de los turistas extranjeros y que en determinadas circunstancias como la actual acusan un descenso importante en la actividad y en las cuentas de este sector. Adicionalmente la mayoría de los contratos de trabajo son de una alta volatilidad y temporalidad con lo cual tampoco contribuyen lo que debieran al aporte de valor y de estabilidad de este sector.

Es cierto que el sector agrícola y el agroindustrial tienen una importancia relevante en este país, representando el 15% del PIB y miles de empleos. Pero aquí igualmente, los contratos de trabajo son en gran parte temporales y en muchas ocasiones disponen de unas condiciones muy precarias; con lo que podemos concluir y vuelvo a insistir... Lo que necesita España es más industria.

Por poner sólo un ejemplo, China hace tan sólo 30 años (1990), era un país subdesarrollado; China ha pasado en los últimos 20 años de fabricar productos baratos y de poco valor añadido a ser líder en Inteligencia artificial, en el 5G, en el coche eléctrico y en producción de Baterías. ¿Por qué España teniendo unas mejores condiciones de partida ha quedado tan atrás?... La respuesta es que en este país nunca se le ha dado la importancia que merece a la Investigación, el Desarrollo y la Innovación; todos recordamos aquella frase de Unamuno en el siglo pasado, "que inventen ellos". Esta es una de las mayores lacras que arrastra este país desde hace décadas y que a pesar de los innumerables estudios existentes que han identificado el problema, no se ha hecho casi nada.

Del lado del consumo, tenemos que decir que lógicamente éste va muy ligado a los niveles de renta disponible en cada país, y en menor medida también, a los hábitos de compra, aunque estos están más en función de la clase social a la que uno pertenece, que del país donde uno reside; pues es una realidad que existe una homogeneización de los hábitos de consumo en la mayoría de los países desarrollados, fruto de la Globalización, de las tendencias y las modas generadas en Internet.

Muchos recordamos cómo en los años 50 y 60 las madres se afanaban en reparar, remendar, y aprovechar los vestidos, la comida, los juguetes, los libros etc... que iban pasando de unos hermanos a otros y a veces de unos familiares a otros; la economía del trueque aún no se había extinguido. Es a partir de los años 70 y 80 cuando a raíz del inmenso crecimiento de la economía cuando se instala el consumo de masas y la cultura del usar y tirar... que algunas empresas fervientes devotas del sistema capitalista han sabido bien aprovechar con la instalación deliberada de programas de obsolescencia programada, o dicho de otra forma con la vida útil y la muerte prefijada de miles de productos, pues el consumo tiene que continuar.

Es una condición intrínseca del sistema capitalista que la demanda tiene que ir siempre por delante de la oferta, también es una condición indispensable del crecimiento; es decir, es conveniente que siempre haya un cierto nivel de inflación (aumento de precios) para que el sistema funcione correctamente, de lo contrario, es decir, si hay más producción que demanda o consumo podemos entrar en una fase de deflación (bajada de precios) como la de ahora, que puede conducir a una reducción de la inversión, de la producción y de los puestos de trabajo ante las pocas perspectivas de beneficios que los empresarios vean en el futuro.

No entramos a valorar los hábitos de consumo pues como hemos dicho estos dependen del nivel de renta, de las distintas culturas, de las modas o de la publicidad; únicamente queremos resaltar que ha habido un cambio radical en los hábitos de consumo en los últimos 50 años que ha provocado unas consecuencias muy negativas para la sociedad y que tienen su reflejo en el deterioro del medio ambiente con sus graves consecuencias en el cambio climático que estamos observando, por un lado, y por otro, las dañinas consecuencias y los serios problemas que también está provocando en la salud de los ciudadanos (obesidad, estrés, enfermedades respiratorias, adicciones varias etc...) así como en sus hábitos de vida cada vez más alejados de una vida frugal y equilibrada.

El auge de la economía sostenible, y de la economía colaborativa no son una casualidad, sino que responden a un íntimo deseo de los ciudadanos de poseer mayor control de sus hábitos y de sus vidas.

Tal vez, una de las pocas consecuencias positivas que haya podido dejar esta crisis del coronavirus, haya sido, el invitarnos a hacer un breve parón en nuestros hábitos, y el ayudarnos a reflexionar más detenidamente sobre el sentido de nuestras vidas, de nuestras costumbres y de nuestros hábitos de consumo.

LAS CRISIS

Es oportuno y pertinente mencionar y hablar de las crisis en un capítulo sobre economía, aunque ya avanzamos que hemos reservado un capítulo entero en el libro para hablar de este tema dada su importancia en la economía y en la sociedad en general.

Como ya hemos mencionado anteriormente en este capítulo, la mayoría de las crisis económicas se producen o por un aumento desbocado de la inflación o por un aumento exponencial de la deuda pública, de las empresas y de las familias. Sin embargo, a través de la historia ha habido grandes crisis que no han sido consecuencia de estos dos factores, sino que las causas han sido externas al sistema y a la economía. Como ejemplo reciente, la actual crisis provocada por el coronavirus. Un rápido repaso a través de la historia de la humanidad nos muestra que ha habido grandes crisis económicas que no tenían nada que ver con la economía.

Estas han sido producidas en varias ocasiones por grandes catástrofes climatológicas, por enfermedades y pandemias mundiales como la peste y la gripe española, por guerras entre países o en el interior de un mismo país, como las guerras civiles, por la posesión de otros recursos o territorios, o peor aún por la insensatez y la avaricia humana como ocurrió en los Países Bajos en el año 1637 con la crisis provocada por la burbuja de los Tulipanes en la que el valor de media docena de tulipanes llegó a valer más que una casa. Al año siguiente la última venta de tulipanes no encontró comprador, los precios se desplomaron y toda la gente que había invertido en esas flores se arruinó y condujo a la economía de los Países Bajos a la quiebra.

Las crisis, a pesar de los grandes desastres y las terribles consecuencias que provocan, tienen un efecto secundario positivo, y es que después de la "borrachera" generalmente se produce un estado de reflexión y de meditación que empieza a generar efectos positivos en los ciudadanos de manera que comienzan a actuar de nuevo con una actitud más responsable y sensata actuando como en un estado de "borrón y cuenta nueva" que con el tiempo llega a recuperar los niveles anteriores y en ocasiones, a superarlos.

Como hemos apuntado, en un capítulo entero al efecto, analizaremos más detalladamente las crisis, sus causas y sus consecuencias.

LAS DESIGUALDADES

Una de las consecuencias más negativas de las que se ha criticado frecuentemente al sistema capitalista es que al mismo tiempo que genera crecimiento y progreso, produce también grandes desigualdades en amplias capas de la población; y esto es cierto, aunque habría que matizarlo para ser lo más preciso posible. El capitalismo no es un sistema social de reparto; la esencia del sistema capitalista es la de invertir, acumular y hacer crecer el capital y los beneficios sin tener en cuenta quien lo hace o cómo lo usa; para eso, ya están los Gobiernos, cuyo principal cometido, es el reparto, la distribución y el bienestar de la población mediante la contribución vía impuestos, de una parte de ese capital y de los beneficios.

Bill Aulet, director del departamento de empresas del MIT (Massachussets institute of technology) dice que "no puede haber justicia social si antes no hay justicia económica". En efecto, la riqueza y el bienestar de los países se produce con un incremento importante de la producción, con un aumento y expansión del comercio o aún, por una revolución tecnológica con la introducción de nuevas máquinas y técnicas que aumentan de forma importante la productividad; esto hace que se eleve la acumulación de capital de inversión y financiero que generalmente detentan las clases más poderosas y mejor informadas. Aunque también ocurre en la nueva economía del conocimiento que algunos individuos que no pertenecen a esas clases y que están particularmente bien formados y con espíritu emprendedor sean protagonistas del auge de nuevas empresas, "start-ups", que con un crecimiento acelerado y basado en el conocimiento llegan a generar nuevas y relevantes organizaciones en el mercado.

Si hacemos un breve repaso a la historia económica del mundo vemos que las clases sociales siempre han existido en todas las sociedades y por supuesto siguen existiendo hoy en día, aunque con menos diferencias entre ellas dependiendo de los países. En la antigua Roma existían los patricios, los plebeyos, los esclavos, los clientes y los libertos... más tarde en la Edad Media existían básicamente cuatro clases sociales: los nobles, el clero, los artesanos y los campesinos. Sin embargo, todo cambia a partir del siglo 18 y 19 con la primera y la segunda revolución industrial en la que después de haber abolido la burguesía y la nobleza con la revolución francesa de 1789, aparecen y se van conformando esencialmente dos clases sociales: los capitalistas y los trabajadores. Los que detentan el capital ya no lo invierten en más tierras o más inmuebles como anteriormente, sino que lo invierten en maquinaria, tecnología e innovación y toda esta inversión produce cada vez más máquinas, más tecnología y más invenciones; es lo que en economía se llama el multiplicador de inversión. Esto tiene una consecuencia directa en el trabajo y en la creación de miles de empleos que van ocupando progresivamente los trabajadores, muchos de ellos salidos del campo y de la agricultura.

Todo este proceso que conocemos como la revolución industrial produce y crea cada vez más capital y también más puestos de trabajo; con lo cual las diferentes clases sociales existentes en siglos anteriores se reducen prácticamente, como hemos dicho anteriormente a dos clases: los minoritarios que detentan el capital y la mayoría de la población que lo único que tiene es su fuerza de trabajo. Esta nueva situación bastante injusta para la mayoría llega a producir varias revoluciones del proletariado cuyo mayor inspirador e ideólogo fue Carlos Marx con su obra El Capital, pero que, sin embargo, es bien menos injusta y dura que la que había en la Edad Media o en la antigua Roma.

Hemos hecho este breve repaso a través de la historia que nos va a servir para desmontar la argumentación de la famosa frase "tiempos pasados fueron mejores" y que lo que está sucediendo hoy día es que las desigualdades aumentan cada vez más y que la pobreza cada vez es mayor en amplias capas de la población.

Durante el siglo 20 y 21 el capitalismo ha producido la mayor expansión de riqueza y de trabajo a amplias capas de la población en el mundo; afirmación que comparto como economista con otros muchos economistas de distintas tendencias. No se trata sólo de una afirmación sino de una evidencia empírica comprobada. No voy a hacer un repaso histórico ni estadístico a lo que acabamos de afirmar, sólo destacar dónde y cómo estaba gran parte de la población a principios del siglo 20 y donde estamos ahora. Los inmensos progresos económicos, científicos, tecnológicos y sanitarios habrían sido impensables entonces si comparamos ambas situaciones de la humanidad entonces y ahora. Es verdad que el mundo sigue estando dividido en dos partes; por un lado los países desarrollados que conforman la OCDE, (Organización para la cooperación y el desarrollo económico) y los países en vías de desarrollo que conforman la otra parte más mayoritaria (con la excepción de los países petroleros).

Dicho esto, es oportuno citar la obra publicada hace unos años por el economista francés Thomas Piketty, "El Capitalismo en el siglo 21"; libro de gran éxito y en cierto modo diferente a lo publicado hasta entonces sobre el tema de la desigualdad. La tesis principal que propone Piketty es que las desigualdades en la sociedad irán creciendo y serán cada vez mayores pues, afirma que mientras los rendimientos del capital (5-10%) crezcan a un ritmo superior a los del trabajo (1-2%) los ciudadanos serán cada vez más pobres y las desigualdades crecerán.

La realidad, pensamos, es un poco más compleja y diversa que esta teoría, que no deja de tener una parte de verdad. Como economista, y como ciudadano que ha vivido tanto en países desarrollados y en países en vías de desarrollo, me gustaría hacer alguna puntualización sobre esta tesis que tanto éxito ha tenido, sobre todo, en el ala izquierda.

Es cierto que el sistema capitalista adolece de varios defectos tanto en su conceptualización como en su aplicación práctica, pero como sabemos, aún no se ha descubierto otro sistema mejor que proporcione el mayor nivel de bienestar a los ciudadanos por lo que estamos acostumbrados a frases como "es el menos malo de los sistemas existentes", al igual que decimos de la democracia.

Es igualmente cierto que este sistema en el que vivimos produce en su crecimiento y en su implantación en muchos países unos desajustes y unas desigualdades que en ocasiones son producto del sistema pero que en otros muchos casos nada tienen que ver, pues aquellas se producen por otras causas como las malas políticas económicas aplicadas o incluso la corrupción generalizada (como yo mismo he podido comprobar en algún país en vías de desarrollo) o incluso por alguna causa externa al sistema capitalista como ha sido la actual pandemia del Covid-19 que sin duda va a seguir ampliando estas desigualdades entre los distintos sectores ya que en la próxima recuperación que se vislumbra en forma de K, unos sectores como son las TIC van a salir más reforzados que otros como el turismo, el ocio, la hostelería y la aviación que serán los grandes perdedores; lo que sin duda provocará múltiples despidos y ajustes que ampliarán aún más las diferencias entre los trabajadores de estos sectores y los de la economía digital. Vuelvo a decir, que la tesis del economista Piketty me parece acertada y pertinente, pero a mi juicio, parcial e incompleta y por lo tanto no refleja de forma adecuada la realidad económica de las sociedades hoy.

En un análisis profundo y pormenorizado el economista Daron Acemoglu junto con James A. Robinson examinan y detallan en su libro "Por qué fracasan los países", las economías de distintos países desarrollados y en vías de desarrollo, y llegan a la conclusión de que los países no son ricos o pobres por tener un clima distinto, ni por su situación geográfica, ni por sus recursos naturales…etc.. ellos afirman y demuestran que los países son desarrollados y ricos o pobres y en vías de desarrollo principalmente por la buena o mala aplicación de las políticas económicas. Dan varios ejemplos opuestos como Corea del Norte y Corea del Sur en Asia; o Zimbabwe y Sierra Leona en África etc…

En conclusión, creemos que si bien el capitalismo produce grandes desajustes y desigualdades en algunos países y en algunas de sus etapas de desarrollo, e incluso que el progreso tecnológico está dejando marginados a algunos sectores de población, no es menos cierto que ha sido hasta ahora el menos malo de los sistemas y el que ha dado mayores niveles de bienestar a la población.

Por eso, como ocurre en tantas otras facetas de la vida lo mejor sería un "Capitalismo tutelado"; no al estilo chino ciertamente, pero sí una buena combinación de iniciativa privada, capital y trabajo, junto con un Estado regulador, administrador y controlador de las leyes económicas que rigen nuestras sociedades; tal vez al estilo Sueco, o Finlandés.

LOS PARAÍSOS FISCALES

En un mercado global los actores principales, Gobiernos, productores y consumidores deberían tener las mismas reglas; por desgracia, esto no es así. Sin temor a equivocarnos podemos afirmar que los Estados que son paraísos fiscales legales y aceptados por el resto de los Estados del mundo constituyen el mayor cáncer y peligro para la economía mundial. En efecto, según FMI el monto total de dinero que se esconde en estos paraísos y que escapa al Fisco de los Estados se estima en unos 8 Billones de dólares, o sea el equivalente al PIB de Alemania, Francia y España juntos. Obviamente, la pregunta obligada para tan abultada suma, es, ¿de donde procede todo ese dinero y cómo puede llegar a estos países sin el control del Fisco de los otros Estados?

El dinero procede en una buena parte de actividades ilegales como el tráfico de armas, las drogas, el crimen organizado, la trata de blancas, el blanqueo de capitales, el mercado negro, y la corrupción de ciertos gobiernos en distintas partes del mundo, etc... pero también procede en otra parte importante de actividades "legales" como la ocultación de beneficios empresariales, la ingeniería financiera y la especulación.

Esta ingente cantidad de recursos que navegan por el mundo casi sin control alguno, podría eliminar de un plumazo la pobreza en el mundo; y no es una afirmación gratuita o política con sesgos izquierdistas. Según el Banco Mundial la mitad de la población en el mundo (4.000 M.) vive con menos de 5,50$ diarios; el banco marca como límite de la pobreza extrema vivir con menos de 3$ diarios; evidentemente la cifra de pobreza en los países de la OCDE tiene otros baremos y se estima que en promedio se está en situación de pobreza cuando se tienen menos de 20$ al día para vivir. Haciendo un cálculo muy conservador, la pobreza en el mundo se podría eliminar dedicando únicamente el 10% (1 Bill. $) de los recursos existentes hoy en todos los paraísos fiscales del mundo.

De los 8 Billones $ aparcados en esos paraísos, se estima que los diferentes Estados pierden un 25% en recaudación fiscal (2 Bill. $) que servirían para mejorar los presupuestos generales y por consiguiente el bienestar de la población en cada país.

En un repaso muy breve de los paraísos fiscales existentes hoy en el mundo aparecen no menos de 50 Estados, de los cuales habría que descontar aquellos países que tradicionalmente se les ha calificado como paraísos fiscales pero que debido a la presión internacional de muchos Gobiernos e instituciones ejercida en los últimos años han pasado a formar una lista más "light" llamada países a baja o nula tributación (?).

La mayoría de estos paraísos fiscales están radicados fuera de la UE y posiblemente los más conocidos se encuentran en el área del Caribe, en USA, o en Asia; pero para ser más exactos dentro de la UE también existen una docena de Estados con una tributación laxa o muy reducida que como dijimos en el ejemplo del primer capítulo cuando hablamos de la Globalización y de la necesidad de una Regulación Global, no es posible que miembros de una misma "liga o de una misma competición" como es la Unión Europea haya "equipos" o Estados como Irlanda, Países Bajos, Luxemburgo etc.. etc.. que no jueguen con las mismas reglas que los demás Estados. Esto no es juego limpio, constituye una competencia desleal y crea unos desajustes y unas desigualdades en el resto de los Estados que repercute directamente en sus economías y en el estado de bienestar general de la población.

CAPÍTULO CUATRO

LA OTRA POLITÍCA

"La mayoría de los hombres que se dedican a la política son indignos y es vergonzoso juntarse con ellos".
(Cicerón, De república, 1,5 siglo I A.C.)

La política es la ciencia que trata sobre la Gobernación del Estado mediante el arte de la negociación para conciliar intereses opuestos y el establecimiento de normas que garanticen el orden y la seguridad, teniendo como fin el bien común.

En la cultura occidental podemos considerar el inicio de la Democracia, el Gobierno por el pueblo, en la antigua Grecia, con la constitución de las Asambleas en la "polis" o ciudades, que eran las representantes del pueblo y estaban constituidas por ciudadanos libres; estas últimas pueden considerarse los inicios de los actuales Parlamentos; guardando las distancias, claro está, pues los Parlamentos actuales están constituidos por los distintos partidos políticos que representan al pueblo.

En la antigüedad el poder era ejercido con frecuencia por la fuerza, es decir, por la ley del más fuerte. Posteriormente, eran los Monarcas y los Gobernadores los que mandaban en los distintos territorios durante varios siglos; no fue, hasta la revolución francesa en 1789 y con la posterior Declaración Universal de los derechos del hombre que llegó y se constituyó la democracia moderna con los partidos políticos, la Constitución de los Estados Unidos y seguidamente las distintas constituciones europeas.

Grecia y Roma son la cuna de la civilización moderna occidental; fue en esos territorios donde florecieron los más relevantes pensadores de la política como Platón (La República), Cicerón (De República), Aristóteles, Marco Aurelio... y sus discípulos los que sentaron las bases de la moderna ciencia política. Más recientemente, filósofos y sociólogos como Max Weber, Gramsci, el propio Carl Marx han desempeñado un papel importante en la historia de las corrientes políticas y sociológicas en los siglos XIX y XX. Actualmente, si hacemos un repaso de la mayoría de los países occidentales encontramos que la forma política más común por la que se rigen es la Democracia.

Sin embargo, si miramos más detenidamente esos mismos países, observamos que muchos de ellos ya no están gobernados únicamente por los partidos tradicionales, conservadores, liberales, o de izquierdas, sino que en los parlamentos actuales hay una diversidad y a veces una variedad pintoresca de una serie de partidos que defienden desde las causas más justas y actuales hasta los motivos más estrafalarios y radicales. Esto nos lleva al siguiente análisis de por qué se ha pasado de dos o tres partidos tradicionales a una multitud de partidos y de qué forma pueden influir en la vida de los ciudadanos.

BIPARTIDISMO - MULTIPARTIDISMO

Hasta finales del siglo pasado existían en la mayoría de los países desarrollados un número limitado de partidos políticos, entre cuatro o cinco como mucho, los cuales han gobernado estos Estados durante décadas. Nos estamos refiriendo a los partidos políticos llamados tradicionales como son los conservadores, la izquierda, los liberales, los comunistas, y la extrema-derecha. Si miramos a Estados Unidos, están, los republicanos y los demócratas; en Inglaterra, los Tories y el Labour; en Alemania, los conservadores CDU y los socialdemócratas SPD; en Italia, la liga norte, los conservadores, y la liga 5 estrellas; en Francia, los republicanos, los demócratas, el frente nacional; en España, el partido Popular, los Socialistas, e Izquierda unida etc... En todos estos países coexisten también pequeños partidos, pero que tienen una escasa representación parlamentaria.

Si observamos lo que ha ocurrido desde finales del siglo pasado y principios de este siglo, vemos cómo se ha ido transformando el panorama político en la mayoría de esos países en los que el fenómeno más relevante que podemos destacar, es el nacimiento y la expansión de multitud de partidos políticos de las más variopintas creencias y tendencias hasta el punto que en muchos Parlamentos llegan a sentarse hasta 20 o 25 partidos diferentes; entre los que destacan, los verdes, el partido ecologista, partido regionalista, partido radical, nueva alternativa, vox, partido por las libertades etc...etc... Este nuevo escenario no tiene porqué ser malo en sí mismo ya que la confrontación de ideas y el debate político diverso suele ser enriquecedor y democrático; el problema surge cuando todos quieren decidir y en ocasiones hacer valer sus propias propuestas.

Si nos preguntamos a qué se debe este aumento de nuevos partidos políticos tan numeroso, podemos pensar que responde a las nuevas necesidades de los ciudadanos y a los cambios que se están produciendo en la sociedad; lo cual en parte es cierto, pero sólo en parte, ya que si analizamos con más profundidad las verdaderas causas de esta nueva situación creemos que, por un lado, se debe a un cierto hartazgo por parte de las nuevas generaciones de los partidos tradicionales (derecha, izquierda..) y de su forma de funcionar excesivamente burocrática y jerárquica. En efecto, las nuevas generaciones han quedado muy impactadas por los sucesivos casos de corrupción aireados diariamente en la prensa, la televisión y las redes sociales, así como de las rigideces y las continuas disputas con las que funcionan estos partidos. Los jóvenes tienen una mentalidad más abierta, más transversal y más funcional y flexible de lo que debería ser un partido político, hasta el punto que si observamos, la mayoría de las nuevas formaciones políticas, ya no se llaman, partido de... sino Plataforma para... Movimiento de… Asamblea de... etc. Hasta ese punto se ha maleado y se ha desprestigiado la palabra "Partido" en buena parte del electorado, posiblemente para marcar claramente el rechazo que muchos sienten hacia los partidos tradicionales.

Por otro lado, las dos últimas crisis (2008 y 2020) han impactado con tal fuerza en la economía y en la sociedad y especialmente en los jóvenes, que han visto cómo sus expectativas de tener una vida mejor que sus padres como ha venido siendo hasta ahora, se han desvanecido y han hecho añicos sus sueños y su futuro hasta el punto de llegar a niveles de desempleo en ciertas regiones de Europa de hasta el 40% para esta franja de la población. Todo esto unido al buen manejo y la expansión de las redes sociales que propagan la información de forma casi instantánea que tienen los jóvenes, ha hecho que caigan en una especie de desencanto que ha favorecido el nacimiento y el crecimiento espectacular, en algunos casos, de estas nuevas formaciones políticas como signo de protesta hacia los partidos tradicionales. Ha sido su forma de decir basta! De ahí la famosa frase "estos ya no nos representan".

LÍDERES

Decía Platón en "La República" que para gobernar había que escoger a "los seres más sabios".

Si repasamos la historia de la humanidad desde el Rey Salomón hasta los líderes que rigen la política hoy en día podremos comprobar que los ha habido de toda clase: excepcionales, destacados, buenos, mediocres, malos, crueles y desastrosos... la historia está llena de ejemplos que podemos clasificar dentro de estas categorías; pero no es el propósito de este libro hacer un repaso de los mejores y peores líderes de la política a través de la historia. Lo cierto es que con frecuencia estos son elegidos más por su capacidad de generar emociones que por su capacidad de gestión.

Únicamente ciñéndonos al siglo pasado y al actual podemos vislumbrar algunas de las biografías más relevantes e influyentes de escogidos individuos cuyas excelentes personalidades han marcado la historia y el devenir de sus países generando un gran cambio en sus vidas. Pensamos, por ejemplo, en F. D. Roosevelt en USA, en W. Churchill en Inglaterra, en M. Gorvachev en Rusia, en K. Adenauer en Alemania, Willy Brandt en Alemania, en Mahatma Gandi en la India, Nicolae Ceausescu en Rumanía, Olof Palme, Luther King, Salvador Allende, Juan Pablo II y otros... todos ellos, líderes que condujeron a sus pueblos a las más altas cuotas de autoestima, orgullo nacional y bienestar social.

Por el contrario, también han ocupado un lugar destacado en la historia otra clase de líderes más autoritarios y déspotas como es el caso de Iosif Stalin, V. Ilich Lenin en Rusia, B. Mussolini en Italia, Fidel Castro en Cuba, Adolf Hitler en Alemania, Augusto Pinochet en Argentina, Mao Zedong en China, Pol Pot en Camboya... y otros. La mayoría de estos dirigentes han causado una gran destrucción, miseria, y opresión en sus pueblos y la historia preferiría borrarlos de su recuerdo.

Este breve repaso histórico nos sirve para comentar en qué situación política se encuentran muchos países hoy, y cuales son sus dirigentes más destacados. En este sentido, nos gustaría introducir una teoría personal referente al modo como se escoge hoy en día a los presidentes del país. Todos sabemos que en los países democráticos la elección se hace por sufragio universal entre los diferentes partidos políticos y que el candidato elegido por el partido vencedor más votado será el próximo presidente del país. A este respecto creemos que sería conveniente introducir una prueba adicional de idoneidad, una vez escogido el candidato de cada partido, tal y como se hace en las pruebas de selección de personal para ocupar un puesto en una empresa o una institución cualquiera; concretamente la prueba que aconsejamos es un test de personalidad que los candidatos elegidos de cada partido habrían de pasar, previamente a ser confirmados como el candidato oficial de ese partido para las elecciones generales.

Es posible que esta propuesta genere muchas críticas especialmente entre los afiliados más devotos de cada partido, pero personalmente la consideramos casi imprescindible, sobre todo cuando existan dudas razonables sobre el carácter especial y el estado mental del candidato al margen de sus aptitudes políticas. ¿Alguien se imagina a un presidente de una gran empresa o de un banco o incluso de un Ministerio de Defensa con sus facultades mentales seriamente alteradas? ¿Qué riesgos podrían sufrir los socios, los clientes, o los ciudadanos con un presidente que acarreara serios trastornos mentales?... Pues bien, no es necesario hacer un ejercicio mental muy sofisticado para ver que tanto a derechas como a izquierdas, cómo en Occidente o en Oriente ha habido varios dirigentes cuyas personalidades no eran del todo equilibradas, por decirlo de un modo suave, sino que padecían severos trastornos psicológicos que el mundo ha tenido que soportar y sufrir con las desastrosas consecuencias que ello ha acarreado. Sin ir muy lejos y en la actualidad todos tenemos en mente a algún dirigente de algún país que en el momento presente es un buen reflejo de lo que acabamos de comentar. La personalidad equilibrada y la salud mental de un dirigente debe estar por encima de sus cualidades políticas pues a la postre será el reflejo de la buena salud mental y del equilibrio de los ciudadanos de su país.

LA BUENA POLÍTICA

Entre las varias cosas positivas que originó la reforma protestante de Luthero destaca el haber inculcado a través de la interpretación de la Biblia el sentido de la responsabilidad en los hombres de sus acciones frente a Dios, frente a sí mismos y frente a los demás. He de decir que en la Iglesia católica y en el catolicismo no fue exactamente así; en efecto, las malas acciones se podían perdonar mediante la confesión, y si esto no era suficiente, para eso estaban las famosas indulgencias que una vez compradas a buen precio, uno quedaba libre de sus pecados...!! Con esto se conseguían dos cosas al mismo tiempo, por un lado, con este proceder uno quedaba libre de sus malas acciones, y por otro lado, la Iglesia conseguía una financiación muy ventajosa para mantener sus excesos y alto tren de vida, especialmente de las más altas autoridades.

La gran diferencia entre estas dos doctrinas ha tenido una influencia capital entre los pueblos del norte, generalmente protestantes y los países del sur, mayoritariamente católicos. Efectivamente, yo he vivido ocho años entre Suiza, Inglaterra, Francia y algún tiempo en Alemania y puedo decir que he podido comprobar de primera mano lo afirmado anteriormente. Una de las grandes diferencias del ejercicio de la política entre los países del norte y los del sur, es el sentido de la responsabilidad con la que ejercen sus funciones tanto la clase política como la sociedad civil actuando y colaborando conjuntamente por el bien común de los ciudadanos; de forma que cuando alguien se equivoca o comete un error, la respuesta casi inmediata es la dimisión de su puesto. Todos recordamos a cierto ministro inglés que por haber incluido los gastos del jardinero de su vivienda como gastos justificados por su cargo tuvo que dimitir de inmediato. O algún ministro alemán acusado de plagiar su tesis doctoral que tuvo que presentar su dimisión al día siguiente.

Lamentablemente y por la influencia interiorizada durante siglos de la doctrina católica mencionada, además de por otras razones históricas, los países del sur hemos estado mal gobernados durante siglos, precisamente por ese sentido de que los errores y las malas acciones se perdonan siempre de una u otra forma o quedan en el olvido; a eso es a lo que nos referimos cuando hablamos del sentido de responsabilidad individual.

Esta mentalidad y forma de proceder tanto en la política como en la economía y en la sociedad es lo que ha originado el que hayamos tenido en muchas ocasiones tan malos gobernantes y dirigentes sociales en los países del sur. Pero sin querer hacer un alegato de clasificación entre buenos y malos, lo que es evidente y comprobable es que las políticas tanto sociales como económicas han sido mejor aplicadas y ejercidas en el norte de Europa que en el sur; de ahí puede explicarse, aunque también existan otras causas históricas y económicas como la revolución industrial y el desarrollo del comercio internacional, que explican porqué estos países gozan de unas instituciones, una política y una economía más prósperas que el bloque de los países del sur.

Cuando hemos hablado de los buenos y malos líderes hemos hecho referencia a algunas personalidades destacadas que han regido los destinos de esos países en distintas épocas de la historia reciente; podemos mencionar a algunos como Winston Churchill en Inglaterra, De Gaulle en Francia, el canciller Adenauer y Helmut Kohl o Ángela Merkel en Alemania, el primer ministro de Suecia Olof Palme, Adolfo Suárez en España, o Sandro Pertini y Aldo Moro en Italia. Todos ellos han sido un ejemplo de lo que hemos llamado "la buena política", es decir, han sido presidentes que han buscado ante todo el consenso y evitado la confrontación, han tomado decisiones difíciles en momentos clave pensando siempre en el bien de su país, han sido dialogantes y flexibles; no se han dejado influenciar por corrientes de pensamiento radicales, ni por grupos más o menos influyentes, sino que han actuado con sensatez y según su criterio guiado ante todo y en primer lugar por la razón de Estado.

Esta clase de políticos son los que mejor representan lo que hemos dado en llamar "la buena política" que es la que hace progresar los pueblos y administra la mejor justicia para sus ciudadanos.

LA MALA POLÍTICA

Suele estar representada por personas que carecen de ideología propia o cuyas ideas se parecen más a un oportunismo de las circunstancias o a un fanatismo radical o a un objetivo único como es el apoderarse del poder por cualquier medio. El fin aquí, justifica los medios.

La historia está llena de ejemplos de mala política y de políticos nefastos. Es claro que el objetivo último de algunos dirigentes o de algunos partidos políticos, no es el bien común ni nada que se le parezca sino el colmar sus ambiciones y las de su grupo con el fin de alcanzar el poder, o como dijo recientemente un dirigente de izquierdas español "el cielo no se toma por consenso hay que tomarlo por asalto" (!).

Al margen de las ideologías propias de cada persona o de un partido, muchos de los males que se derivan de la mala política administrada en los países se producen por la poca experiencia y la baja formación de sus dirigentes. Valga como anécdota la presencia en la Asamblea francesa a principios del siglo pasado de algunos diputados jóvenes, que con el fin de aparentar cierta experiencia y sabiduría, se disfrazaban con pelucas y barbas para hacer parecer así ser personas experimentadas. La frase de Platón en la República citada anteriormente "hay que escoger las personas más sabias" es del todo pertinente; aunque la sabiduría no se aprende en la Universidad ni en un máster acelerado; la sabiduría la da la vida y la experiencia.

Todavía recuerdo la pregunta que hace unos años y después de salir de una tertulia me hizo un compañero médico argentino radicado en España, la pregunta fue: "Oye tú que has vivido en Sudamérica, ¿por qué crees que esos países no avanzan?" Mi respuesta fueron únicamente dos palabras: "Ineficacia y corrupción". Estuve viviendo y trabajando siete años en un país latinoamericano, con varios viajes a Colombia y Brasil, por lo que creo conocer la región. Recuerdo en una ocasión que fui de visita profesional a una sucursal de la empresa al sur del país y al pasar por una zona industrial llena de naves industriales me impactó una especialmente por su tamaño y dimensiones descomunales; le pregunté a mi acompañante que era nativo de la zona y le dije "¿y esa nave inmensa de qué es? ¿qué fabrican?", él me respondió que era una empresa de aluminio, que se había construido hacía años pero que estaba cerrada y no funcionaba. El aspecto exterior me sorprendió, pues había partes de las paredes oxidadas y en mal estado; entonces le volví a preguntar ¿para qué se construyó?.. mi acompañante sin inmutarse me contestó que sólo se había construido para repartirse buenas comisiones el ministro de turno y algunos asesores...!!!

Como ya hemos apuntado, en todo el mundo hay gobiernos buenos y malos y gobernantes eficaces y desastrosos. A mi entender, una de las razones principales por la que algunos países, en vías de desarrollo, no mejoran, es por la baja calidad profesional y personal de sus dirigentes y por la extendida corrupción en todos los niveles de la administración. Podríamos añadir también una ideología política errada de corte generalmente de extrema izquierda que ya ha dado sobradas pruebas en la historia de su ineficacia.

Muchos países en vías de desarrollo parecen no haber entendido que la política no es sólo una cuestión de ideología sino principalmente un asunto de buena organización y de gestión eficaz.

Lamentablemente los dirigentes de varios de esos países han llegado al poder mediante golpes de Estado o por otros medios no muy democráticos. En estas circunstancias, la justicia, la propiedad privada y el bien común, se convierten en palabras vacías de contenido y muchos de esos países son arrastrados y mantenidos en una situación desesperada de la que es muy difícil salir. Esa es "la mala política".

EL POPULISMO

Las distintas crisis económicas y sociales habidas a lo largo de la historia son el mejor caldo de cultivo para el nacimiento de los líderes populistas. La historia está llena de ejemplos; las causas de estos populismos son relativamente fáciles de explicar. En la mayoría de los casos se trata de aprovechar y manipular la "desesperación del pueblo" en circunstancias excepcionales, para hacerse con el poder.

El término "Populismo" significa política por y para el pueblo, su objetivo es acercarse al pueblo y conocer bien sus necesidades y anhelos con el fin de darles solución de la manera más justa posible y cuando esta no es posible por medios pacíficos, entonces emplear la revuelta y la revolución para conseguir su objetivo. Los líderes populistas se caracterizan por hacer creer que ellos son los que mejor "entienden" a sus pueblos y los que mejor representan sus deseos. Los ejemplos más relevantes de líderes populistas en la antigua Atenas y Roma fueron Pericles y Julio Cesar; el primero, dictó una serie de decretos que rebajaban los privilegios de la alta clase política para dárselos al pueblo y en el caso de Julio Cesar su poder provenía del pueblo pues con su gran sensibilidad consiguió del Senado romano el reparto de las tierras a los más pobres, así como el reconocimiento de ciertos derechos que las clases populares no tenían con anterioridad. Se podría decir que estos gobernantes eran "populistas buenos".

Pero no siempre ha sido así; más recientemente, el Populismo frecuentemente ha tenido una connotación peyorativa ya que casi siempre se asocia a líderes demagogos y que engañan al pueblo. De hecho, el origen del populismo se remonta a la antigua Grecia donde proliferaron los demagogos (demos, pueblo; gogos, guiar, conducir, en griego) quienes poseían una gran habilidad oratoria y mediante sofismas y otras argucias intentaban convencer al pueblo para adherirse a sus causas o conseguir sus objetivos que en definitiva siempre eran los mismos, esto es, conseguir el poder y grandes privilegios con la excusa de favorecer al pueblo.

En el siglo pasado y durante la primera parte de este, han proliferado una serie de líderes populistas en distintas regiones del mundo que, aunque generalmente casi siempre se asocian a la corriente política de izquierdas, en realidad, los ha habido de los dos lados, es decir, tanto a la izquierda como a la derecha. El populismo actual proviene del siglo pasado con el acercamiento de las élites privilegiadas en Rusia al intentar acercarse al pueblo dadas las terribles condiciones económicas y sociales que sufría el campesinado y la clase obrera; en el fondo, este fue el origen de la posterior revolución comunista que hartos de ver y sufrir las consecuencias de los inmensos privilegios de que gozaban la familia real de los zares y todo su circulo así como ciertas élites intelectuales, esta situación desembocó en la revolución bolchevique de 1917 con la toma del Palacio de Invierno y el destierro y posterior asesinato del Zar y su familia.

A mediados del siglo pasado se instauró en Argentina la dictadura Peronista con la llegada al poder de Juan Domingo Perón; posiblemente uno de los gobernantes más significados de lo que llamamos Populismo. Las razones de la llegada al poder de Perón son similares a las que se han producido en otros países: es decir, el hartazgo y la frustración del pueblo por las pésimas condiciones de vida que padecían como consecuencia de la corrupción e ineficacia de sus gobernantes. Los populismos nunca se han llevado bien con las élites intelectuales; de hecho, en esa época en Argentina existía una relevante clase intelectual formada por filósofos y escritores que se rebelaron inmediatamente contra Perón pero que no tuvieron mucho éxito. Perón derogó y dictó una serie de leyes reformadoras que favorecían especialmente al pueblo, sin embargo sus métodos un tanto dictatoriales hicieron que después de nueve años tuviera que dimitir.

Podemos encontrar otros líderes populistas en América y en Europa en la segunda parte del siglo pasado e incluso actualmente. El denominador común que siempre encontramos es una crisis y un gran descontento del pueblo; por eso a los gobernantes populistas también se les llama "Salva Patrias". ¿Qué decir de un populista moderno como el presidente de E.E.U.U. con su "América First" o "make América great again"?, "América primero, o hacer grande América otra vez" o del presidente de Brasil con su lema "Brasil sobre todos y Dios sobre todo", o del político italiano Mateo Salvini "primero los italianos, después los inmigrantes"; o en Sudamérica con Hugo Chávez y su sucesor Nicolás Maduro; o en Italia con Silvio Berlusconi con "Forza Italia"; o Marine Le Pen en Francia con su retórica contra los inmigrantes…etc… o en Corea del Norte y en Tailandia donde gobiernan dos dictadores.

El argumento esencial del discurso populista es la llamada al nacionalismo, es la exaltación del sentimiento nacionalista y de la palabra Nación en amplias capas de la población, generalmente las más desfavorecidas, ya que el populismo necesita encontrar siempre un enemigo "real o ficticio" para sustentar su discurso y alentar a las masas. En este sentido, los enemigos potenciales de la nación pueden ser desde los inmigrantes, a las sucesivas crisis económicas, o las privilegiadas élites políticas y sociales, o incluso la tecnología… cada uno de ellos representan un peligro para el país y para sus ciudadanos y por lo tanto hay que combatirlos con firmeza apelando a los sentimientos más íntimos y a los valores más respetados de los ciudadanos con el fin de movilizarlos y adherirlos a la causa del líder populista. El fin está claro, es la toma del poder.

Podríamos preguntarnos porqué en los últimos tiempos han surgido tantos líderes populistas en diversas regiones del mundo. A nuestro juicio este fenómeno tiene bastante que ver con los numerosos cambios que se están sucediendo en la sociedad a todos los niveles, especialmente en la innovación tecnológica y en el aumento gradual de las desigualdades entre países y entre los distintos sectores de la sociedad. Como dijimos al principio, el ser humano necesita de unas cuantas verdades y seguridades para sobrevivir y encontrar un sentido a su vida; y el cambio tan acelerado y disruptivo que se está produciendo, sobre todo en este siglo, hace que el ciudadano busque un punto de amarre para sostenerse y seguir creyendo en él mismo y en las instituciones, y para ello está dispuesto a comprar el discurso de aquellos líderes que mejor sepan comprenderlos y guiarlos.

Creemos que el fomento de la educación y la cultura por parte de los gobiernos junto con la erradicación de la pobreza son los mejores antídotos para formar ciudadanos libres y con bases sólidas para evitar que el fenómeno populista siga repitiéndose en el futuro.

IZQUIERDAS - DERECHAS

En agosto de 1789 después del inicio de la revolución francesa se llevó a votación en la Asamblea francesa la cuestión de la votación real, es decir, si el Rey podía vetar alguna resolución tomada por la Asamblea y al votar se dividieron en dos bandos, en el lado derecho del presidente se situaron los nobles y el clero y del lado izquierdo lo hicieron los representantes del pueblo llano y la pequeña burguesía. Esta pequeña anécdota fue el inicio de lo que hoy llamamos la izquierda y la derecha y cuyo vocablo se extendió rápidamente por toda Europa y más tarde el resto del mundo.

En el inicio la llamada derecha defendía valores como la libertad económica, la propiedad privada, el orden, la religión, la autoridad, la tradición, la seguridad jurídica. Por contra, la izquierda defendía valores como el progreso, solidaridad, igualdad, secularismo y justicia social. Si nos fijamos hoy día, el significado que tienen esos dos vocablos podemos ver cómo han cambiado y evolucionado.

Cuando hablamos de derechas nos referimos generalmente a una corriente ideológica o a una posición política que defiende principalmente, la libertad económica, al individuo frente al Estado, la iniciativa privada, la propiedad privada, el progreso mediante el trabajo y el mérito, los valores religiosos. La izquierda hoy puede definirse por la defensa del Estado del bienestar, el bien común, la igualdad entre los individuos, la defensa del Estado sobre el ciudadano, el progreso también llamado progresismo (?) etc... En definitiva, la Izquierda da más importancia al Estado como principal agente de progreso y de justicia social y sin embargo la derecha lo que valora esencialmente es al Individuo y a su libertad privada como motor y agente de progreso de la sociedad. Son pues, dos visiones distintas de la política, del papel del Estado y del rol del individuo en la sociedad.

Los principales movimientos sociales nacidos después de la revolución francesa de 1789 buscaban cambiar el orden social vigente hasta entonces constituido principalmente por el Rey, los aristócratas, y la burguesía como poderes dominantes con el fin de constituir una sociedad más igualitaria. Es entonces cuando nacen diversas corrientes políticas bien entrado el siglo XIX, y cuyo mayor exponente fue el Manifiesto comunista de 1848 y posteriormente la publicación de "El Capital" en 1869 de Karl Marx junto con Engels y cuya tesis principal fue "la lucha de clases" que inspiraría más tarde tanto el movimiento Anarquista, el trotskismo, el comunismo, el socialismo, y finalmente la socialdemocracia.

No siendo este un libro, ni siquiera un capítulo dedicado al análisis de las distintas corrientes e ideologías políticas a través de la historia. El cometido y la finalidad de este apartado dentro de un breve análisis de las tendencias políticas predominantes en la actualidad es el de aclarar y arrojar un poco de luz sobre lo que la mayoría de la gente entiende por lo que son las derechas y las izquierdas políticas y de qué forma pueden influir en la sociedad y en sus vidas.

Por otra parte, sería un tanto pretencioso por nuestra parte el adentrarnos en un análisis profundo e histórico de estas corrientes de pensamiento que tanto han significado para la humanidad.

Si aceptamos el hecho que las dos corrientes políticas más significativas hoy día siguen siendo la Derecha y la Izquierda, o los liberales y los socialistas; sin olvidar otros partidos, como ya comentamos, no menos relevantes como el partido ecologista, el partido nacionalista, y los distintos partidos regionalistas, observamos una cierta involución de muchos de estos partidos que actúan con un cierto paralelismo regresivo como cuando hablábamos de la Globalización y la Desglobalización.

Esta involución política y económica obedece a nuestro juicio a dos factores principalmente: por un lado, los ciudadanos de ciertas regiones quieren defender su propia identidad y sus valores nacionalistas frente a lo que ellos consideran una pérdida de control y autonomía específica, provocada por la Globalización y sus valores estándar; y por otro, quieren retomar el control de su política y de sus decisiones que consideran usurpadas en los últimos tiempos por el nacimiento de entidades supranacionales como la UE o instituciones como el FMI, la OCDE...etc... que han desprovisto de contenido y de propósito su identidad nacional. Ahí tenemos los ejemplos de Cataluña, de Hungría, de Polonia, de Gales y Escocia o la liga norte y la Padania en Italia.

Los objetivos de la izquierda y de la derecha son básicamente los mismos: la Salvaguarda del Estado, el bien común, la justicia, y el bienestar de los ciudadanos; únicamente, estas dos corrientes políticas difieren en sus métodos y en el camino para alcanzarlos. Y ahí es donde entra de lleno el fenómeno del cambio y de cómo este puede afectar la vida de los ciudadanos según prevalezca la aplicación de un sistema u otro en los distintos países.

Por experiencia y por haber vivido en países con políticas de derechas y también en países con políticas de izquierdas tengo que decir que he seguido en unos casos y he soportado en otros casos las consecuencias derivadas de la aplicación de una ideología o de otra, y he visto y comprobado sobre el terreno los resultados positivos en unos países y las consecuencias nefastas en otros. Estas experiencias personales me han llevado a preguntarme ¿por qué, en general, los países anglosajones obtienen mejores resultados económicos y sociales en la aplicación de sus políticas que muchos países del sur de Europa y de Latinoamérica?

Es cierto que el punto de partida entre ellos es de entrada diferente, lo que se explicaría por una cierta ventaja de los países anglosajones en lo que a cultura, conocimientos, tecnología y una moral protestante se refiere; pero aunque esto explicaría una parte de esa ventaja, lo que explicaría la otra parte, es decir, por qué ciertos países del sur, en general, obtienen peores resultados en la aplicación de sus políticas de izquierdas, vendría explicado, creemos, por una ineficacia y una corrupción generalizada al confiar gran parte de esas políticas de izquierdas a unos Gobiernos con poca experiencia en la gestión y la planificación de sus economías y que además están sumamente politizados. Los ejemplos están ahí, en países como Venezuela, Cuba, Bolivia, Nicaragua y más cerca en algunos países del este como Rusia, Bielorrusia,... Corea del Norte...

Cuando hablamos de la nueva política que se ha instalado en la mayoría de las democracias modernas nos referimos a ese cambio sustancial que ha habido en la mayoría de los Parlamentos y que han cambiado el color bicolor, izquierdas, derechas, de estos durante décadas para convertirse en unas nuevas instituciones multicolores y multipartidistas donde algunos partidos por pequeños que sean, les bastan 2 o 3 diputados para tener una influencia determinante en algunos momentos que puede llegar a cambiar las decisiones y el rumbo de los Gobiernos y la vida política de un país.

EL PESO DEL ESTADO

El aparato del Estado en los distintos países viene determinado principalmente por su régimen político; hay Estados más "gruesos" y Estados más "livianos" según el nivel de centralización o descentralización que tengan y también según su filiación política; siendo en general los regímenes de izquierdas mas pesados que los de derechas. Ya lo dijo un presidente norteamericano, el Estado tiene que ser lo más pequeño posible y al mismo tiempo lo más eficaz posible (Ronald Reagan).

En el caso de España nos situamos claramente en el bando de los más pesados; sólo hay que ver el número de Ministerios, 23, que tiene este Gobierno frente a los 16 de Corea del Sur que es un país similar al nuestro en cuanto a población, o a los 16 Ministerios de Alemania que tiene casi el doble de población que España, o a los 19 de Francia que tiene 12 millones más de habitantes que España. Según Eurostat, en España hay unos 3,100 mill. de empleados públicos, cifra que se sitúa en la media europea en cuanto a número de empleados pero que en cuanto a gasto total representa el 15,5% del total del empleo del país frente al 11% de Alemania con el doble de población. Por si esto fuera poco, tenemos unos 400.000 empleados políticos cobrando nóminas del Estado frente a los 150.000 en Alemania. Estos se encuentran empleados en toda clase de organismos públicos, empresas semipúblicas, observatorios de varios tipos, agencias varias, ayuntamientos, diputaciones etc...etc...

Por primera vez, este año las nóminas pagadas por el Estado han superado las nóminas pagadas por el sector privado en medio millón (500.000 nóminas más). Concretamente, en Enero de 2020 las personas dependientes del Estado o del sector público suponían 8,9 mill. de pensionistas, 3,2 mill. de empleados públicos y 1,9 mill. perceptores de distintas ayudas; en total, 14 mill. de personas cobran una nómina pública, frente a los 13,5 mill. de nóminas pagadas por el sector privado (esto excluye a los 3 mill. de autónomos) según la EPA de enero de este año.

Los Estados más eficientes son los que tienen unos Gobiernos y un sector público más reducido; véase, Irlanda, Holanda, Alemania, Suiza,... El problema de los países con Gobiernos y empleados públicos desmesurados es que de algún modo muchos de esos puestos de trabajo han sido creados a medida para satisfacer a los partidos y a la clase política que los vota. En realidad, son peajes políticos que los gobiernos de turno deben pagar para mantener sus bases satisfechas y tener un número de votos cautivos para asegurar las próximas elecciones.

Si comparamos los sueldos, complementos y demás prebendas que tienen los políticos y muchos de los empleados públicos frente a las retribuciones en el sector privado, este último también sale perjudicado y se entiende que de esta forma es difícil tener un Estado liviano y eficiente.

La retribución media bruta de un funcionario en 2019 fue de 2.654,40 euros mensuales frente a los 1.772 euros de sueldo promedio en el sector privado; es decir, un empleado público cobra en promedio un 50% (882 euros) más al mes que un empleado del sector privado (fuente INE 2019).

Recientemente, en Septiembre Italia dio un ejemplo de coherencia y de austeridad con los tiempos que corren para la mayoría de los ciudadanos que ven peligrar sus empleos, de forma que el Gobierno ha aprobado una reducción del 40% de sus Diputados y Senadores y la suma de las dos cámaras se reducirá de 945 a 600 con lo que el Estado se ahorrará 100 millones de euros al año. ¿Por qué en España no se aprueba una medida similar?... ¿Por qué en España un diputado puede jubilarse a los 60 años y puede cobrar una jubilación con sólo 10 años de ejercicio, cuando a los demás ciudadanos se les exige 40 años de cotización y la jubilación a los 67?... Algo importante debe cambiar en este país si queremos seguir manteniendo el estado de bienestar y la paz social.

CAPÍTULO CINCO

LA DEMOGRAFÍA

"La demografía no es un destino seguro, pero es un determinante significativo del potencial económico".

Dentro de 80 años, en el 2100 España tendrá la mitad de población que en la actualidad, o sea 24 millones de habitantes, según las previsiones del Instituto de Métricas y Evaluaciones de Washington publicado recientemente por la prestigiosa revista The Lancet. En estudios anteriores realizados por la ONU las proyecciones del aumento de población para finales de siglo se estimaban en unos 10.000 millones de personas en todo el mundo con lo cual las previsiones para el impacto en la alimentación, en los sistemas de salud, y en el medio ambiente eran bastante sombrías. Sin embargo, en varios estudios posteriores a 2017 entre los que destaca el mencionado anteriormente en The Lancet, rebaten con cálculos más ajustados estas previsiones y pronostican que la población mundial seguirá creciendo hasta 2065 cuando se alcanzarían los 9.500 millones de habitantes, pero que a partir de entonces comenzaría el declive y se llegaría al año 2100 con una población de no más de 8.800 millones de habitantes en la tierra.

Estas previsiones más "optimistas" por el menor impacto en el medio ambiente y en los recursos naturales, se deberían principalmente a dos factores: primero, a una disminución importante en los índices de natalidad especialmente en Europa y Asia, y segundo, por la utilización masiva de los métodos anticonceptivos en la mayoría de la población. Evidentemente, el impacto no sería igual en todas las regiones; por ejemplo, muchos países de Europa y Asia verían reducida su población casi a la mitad como en el caso de España, Italia, Portugal, Polonia... en Europa y en un 25% en China, India, Corea del Sur y Tailandia en Asia... y así hasta 35 países. Por el contrario, en África la población aumentaría, destacando el caso de Nigeria que pasaría de los 90 millones actuales a los más de 450 millones para fin de siglo. Habrá que tener en cuenta que estas proyecciones pueden verse alteradas de forma significativa por los movimientos migratorios.

Lo que es seguro es que la población de personas mayores de 65 años, aumentaría de forma considerable hasta los 2.700 millones, siempre según estas estimaciones; especialmente en los países más desarrollados, lo cual planteará unos cambios importantes en el terreno laboral y social y obligará a la mayoría de los gobiernos a replantearse sus políticas económicas y geopolíticas para el futuro, pues los centros de poder y de decisión habrán cambiado significativamente para entonces.

Las dos soluciones más realistas que propone el citado estudio para evitar el descenso de población y la pérdida de poder e influencia de esos países, es que los Gobiernos promuevan políticas activas de planificación familiar para aumentar el número de hijos deseados y al mismo tiempo adoptar una política más liberal con respecto a la inmigración, suavizando las medidas de control.

A la vista de este panorama nada optimista para la mayoría de los países y del mundo en general podemos hacer algunas reflexiones ya que como dice Peter Drucker en su libro "El Management del siglo 21" "el problema demográfico no es sólo una cuestión de estadísticas o estimaciones"; según él, entre las cinco certidumbres más importantes que sucederán en el siglo 21, "el hundimiento de la tasa de natalidad en el mundo desarrollado" será probablemente la más relevante y la que más consecuencias tendrá tanto a nivel económico como a nivel social y también político. Continúo citando al autor cuando dice que "durante los próximos veinte o treinta años, la demografía dominará la política e inevitablemente será una política de enorme turbulencia". Ningún país está preparado para los conflictos... y sigue preguntándose ¿retrasar la edad de jubilación es de derechas o de izquierdas?... animar a las personas de edad a seguir trabajando después de los sesenta dándoles exenciones de impuestos por una parte de su trabajo es "¿progresista o conservador?"

"Igualmente conflictivo para la política en muchos países, será el reto de la inmigración masiva, ya que al mismo tiempo que la población disminuye en los países desarrollados, ésta aumenta en los países del tercer mundo; e intentar impedir este fenómeno es como intentar impedir la ley de la gravedad." (fin de citación).

Las tasas de natalidad en la mayoría de los países desarrollados se sitúan entre el 1 y el 1,5 hijos por mujer, cifras totalmente insuficientes no ya para el aumento de la población, sino ni siquiera son suficientes para asegurar el reemplazo generacional o el mantenimiento del mismo nivel de población, para lo que se necesitaría una tasa mínima de reemplazo de 2,1 hijos por mujer. En el caso concreto de España estamos en un 1,23 hijos por mujer y hay países que incluso están por debajo.

Se dice que las grandes catástrofes como una guerra, una pandemia, un gran huracán etc... suelen traer después un aumento notable de la población por el aumento de nacimientos; pero esto, se ha comprobado que no es así, al menos hoy en día; se da como ejemplo el gran apagón eléctrico que sufrió Nueva York en 1965 y se dijo que al año siguiente se dispararon los nacimientos, esto tampoco fue así. Desgraciadamente después de acontecimientos tan devastadores suele producirse una reducción de los nacimientos y de la población en los dos o tres años siguientes, tal como ocurrió después de la gran guerra, o de la gripe española, o de la última crisis financiera o como se verá después de la pandemia del Covid-19.

Tal como ocurre en otros ámbitos de la vida, después de estas catástrofes las personas se vuelven más cautas, más desconfiadas en el futuro y más ahorradoras en previsión de lo que pueda venir; con lo cual la planificación de tener más hijos se suele posponer. Además, hoy contamos con medios de planificación familiar que no existían en épocas pasadas. Por otro lado, el mayor nivel económico y cultural alcanzado en los países desarrollados suponen paradójicamente un freno al aumento de nuevos nacimientos, lo que corrobora las bajas tasas de reproducción que hemos comentado anteriormente.

El fenómeno demográfico que supone el desplome poblacional en amplias regiones del mundo tiene más que ver con un cambio notorio en la cultura y en el sistema de valores de las sociedades modernas que no tanto en cuestiones puramente económicas. Este cambio que se está produciendo en la demografía del mundo va a provocar a su vez cambios radicales en los ámbitos del trabajo, de la sanidad, del ocio, de las relaciones sociales, y de la política. Lo estamos viviendo ya, y lo vamos a ver con más claridad en los próximos diez, veinte, o treinta años.

En algún momento de nuestras vidas todos sufriremos uno o varios episodios de gripe con las consecuencias consabidas de dolor de cabeza, fiebre, congestión, dolor muscular, dificultad respiratoria etc... En 1918 se produjo una de las epidemias más mortíferas de la historia, la mal llamada, gripe española, que en realidad se originó en USA y en Asia paralelamente y que al parecer trajeron a España unos soldados estadounidenses destacados en nuestro país... en ese año, la población mundial rondaba los 1820 millones de habitantes y a causa de la citada gripe murieron más de 50 millones de personas, especialmente los jóvenes. Esta gripe, al parecer, estuvo muy ligada a las condiciones insalubres provocadas durante la segunda guerra mundial. Este episodio provocó en apenas unos meses el descenso del 2,5% de la población mundial y actualmente y gracias a las vacunas de la gripe, sólo mueren al año unas 500.000 personas en todo el mundo. Afortunadamente, hoy día estamos mejor preparados y frente a la actual pandemia de coronavirus, se espera que con la próxima introducción de las vacunas en unos meses, el impacto sobre la población sea del orden de 200 veces menor que entonces, teniendo en cuenta la población de 7,5 MM actual...

Este episodio histórico nos sirve para ilustrar que al margen de las grandes catástrofes humanitarias que han ocurrido en el pasado y que han mermado en parte la población, lo que sí podemos afirmar es que el aumento de la población mundial desde principios del siglo XX (1,8 MM) hasta la población actual en el siglo 21 (7,5 MM) ha sido espectacular y único en la historia de la humanidad; hasta entonces la población se doblaba cada varios siglos; y hoy, sólo en un siglo, la población se ha multiplicado por 4; esto ha sido posible principalmente por dos razones: el progreso espectacular de la medicina y los cuidados médicos, y la mejora en la alimentación y en las condiciones de vida de la población, que ha provocado el descenso radical de la mortalidad infantil, y el aumento de la esperanza de vida de las personas.

La transición demográfica (defunciones nacimientos) nos indica en el último medio siglo que mientras en los países desarrollados el número de nacimientos es cada vez menor y el número de fallecimientos y de gente mayor de 65 aumenta; por el contrario, en los países en vías de desarrollo, principalmente en África, la tendencia es a la inversa, es decir, cada vez hay más nacimientos y más gente joven en edad de trabajar y cada vez hay más defunciones y menos gente mayor. Como resultado de esta evolución tan dispar entre dos partes del mundo, la forma de la pirámide de población de los países ricos se asemeja cada vez más a la forma de una seta, ancha por arriba (mucha gente mayor) y estrecha por debajo (poca gente joven); mientras que la pirámide de los países pobres sigue teniendo la forma de una pirámide, es decir ancha por debajo (más gente joven) y estrecha por arriba (poca gente mayor).

Las consecuencias de todos estos movimientos en la población mundial van a provocar importantes cambios en muchos países que se verán seriamente afectados en sus estructuras, en sus mercados de trabajo y de la vivienda, en sus sistemas de sanidad, en su sistema de educación, en sus políticas de inmigración, en sus programas de asistencia social, y en su posición geopolítica dentro del mundo. Para ello, los Gobiernos deberían tener previsto un plan y previsiones a medio y largo plazo sobre la gestión más adecuada de la cuestión demográfica y de su evolución futura en sus países.

El primer país que parece haber comprendido esta cuestión es China que con sus 1.300 millones de habitantes quiere ser la primera potencia mundial y parece que lo va a conseguir pronto; ya es la segunda potencia económica después de Estados Unidos y va hacer buena la frase con la que comienza este capítulo, que la demografía no es un destino seguro pero sí es un determinante del potencial económico; confirmando al mismo tiempo aquella cita de Max Weber cuando dice "el capitalismo exige para su desarrollo la existencia de un exceso de población a la que puede alquilar por bajo precio en el mercado de trabajo".

LOS JUNIORS

La generación de los Millennials, es decir, los nacidos a finales de los años 80 y principios de los 90 son probablemente la generación que habrá conocido dos grandes Depresiones económicas antes de haber cumplido los treinta años y mientras muchos de ellos todavía no se han incorporado al mercado de trabajo. Esta nueva situación va hacer que la visión que tienen las nuevas generaciones del mundo en general, del trabajo, de la política, y del ocio tenga muy poco que ver con la visión y los gustos que tenían sus padres a la misma edad.

Si aceptamos que una buena formación, bien sea profesional o universitaria es de importancia capital para los jóvenes para desarrollarse y poder emprender un proyecto vital de cara al futuro, no es menos cierto que ésta depende muchas veces del país en el que residan. Así por ejemplo, la tasa de paro juvenil en países como España o Italia o Grecia ronda el 35%, mientras que en países como Alemania, Austria, o Dinamarca no llega al 8%. Esto se debe en gran parte al diferente sistema de formación vigente en unos y otros países. El bajo nivel de desempleo juvenil que registran estos últimos países se debe principalmente a lo que se llama la Formación dual; que consiste básicamente en un periodo de tres o cuatro años en el que el joven se forma tanto en la escuela (30%) como en la empresa (70%) con esa relación del empleo del tiempo. Este sistema proporciona a la vez a los jóvenes y a las empresas una verdadera oportunidad para adquirir una formación real y una experiencia en el mundo laboral que difícilmente podrían adquirir únicamente en la escuela, de manera que una vez finalizada esa etapa, la mayoría de los jóvenes encuentran trabajo en la misma empresa que los ha formado; y a su vez las empresas cuentan con trabajadores que empiezan a ser operativos desde el primer día una vez finalizado ese ciclo.

Los dos factores más importantes para que los jóvenes puedan empezar un proyecto de vida independiente y relativamente estable son: el tener un trabajo y por lo tanto un salario estable, y una vivienda acorde con sus circunstancias personales. Estos son los dos requisitos imprescindibles para que cualquier país pueda configurar una población estable en edad de trabajar y que sirva de sustrato y dé impulso al aumento del PIB de ese país. De no ser así, comienzan a desarrollarse los movimientos de protesta y el trasvase de población de unos países a otros que ofrezcan mejores oportunidades para precisamente, poder llevar a cabo el proyecto de vida del que hablamos. Este fenómeno al que llamamos emigración o inmigración tiene unas consecuencias directas y casi inmediatas tanto en los países emisores como en los países receptores de población, saliendo generalmente beneficiados los países receptores de los inmigrantes; ya que estos son generalmente personas jóvenes y en edad de trabajar y que por lo tanto vendrán a reforzar y a aumentar la producción y la población del país.

Tener un trabajo estable hoy día y por lo tanto un salario se está convirtiendo en muchos lugares casi en un privilegio para muchos jóvenes y en ocasiones también para los que han rebasado los 50 años. Los cambios tan acelerados que se están produciendo en diversos ámbitos como los mercados, la tecnología, las tendencias, las modas etc... sólo hacen confirmar este hecho. Tener un puesto de trabajo y un sueldo significa poder consumir, poder ahorrar e invertir y también pagar impuestos; estas tres actividades que derivan de tener un salario determinan la buena salud económica del trabajador y también de la economía del país.

Como hemos comentado los dos factores principales que determinan el aumento de población de un país son: el aumento de los índices de natalidad junto con una política de inmigración abierta, y por otra parte, la existencia de oportunidades tanto laborales como de vivienda para conseguir que esa población sea estable y se asiente en el territorio.

A este respecto, en el caso de España las últimas estadísticas reflejan que la evolución de los precios de la vivienda en los últimos años ha aumentado el doble que el nivel de los salarios de los trabajadores. De esta forma, si hace veinte años para comprar una vivienda se necesitaban 3 salarios anuales, hoy día se necesitarían de media entre 6 y 7 salarios anuales para afrontar la compra de una vivienda. Esto hace que sea cada vez más difícil el asentar las parejas en un lugar en concreto, y al mismo tiempo dificulta la planificación de tener más hijos, precisamente por los altos precios de las viviendas junto con la cada vez más insegura posibilidad de tener un trabajo estable.

Por eso, mientras los jóvenes por debajo de los 35 años no vean ni perciban las posibilidades y más oportunidades de trabajo y vivienda en el país en el que viven, los aumentos de población de personas jóvenes, que es el objetivo ansiado por la mayoría de los Gobiernos, ya que este aumento tiene una incidencia directa sobre el incremento del PIB, no se producirá, a menos que este aumento venga del lado de la inmigración.

Por otro lado, los bajos salarios y los contratos precarios que perciben la mayoría de estos jóvenes va a generar dos efectos perniciosos sobre la sociedad: de un lado va a provocar el descenso de la población ya que muchos de ellos buscarán las oportunidades en otro país, y del otro lado, el sostenimiento del sistema de pensiones se hará cada vez más difícil pues mientras la población mayor de 65 años es la que más aumenta, la población y los salarios de los más jóvenes son los que más disminuyen, con lo cual el sistema se volverá cada vez más insostenible por esta diferencia, ya que son los jóvenes los que soportan las pensiones de los mayores en un sistema de reparto como el que tenemos.

Si bien la mayoría de los jóvenes hoy día pueden disfrutar de muchos artículos de consumo más baratos que a los que podían acceder sus padres como son Internet, los videojuegos, los viajes, el ocio... sin embargo, los dos bienes principales para cualquier familia, la vivienda, la educación, el trabajo se han vuelto casi inaccesibles. Creemos por tanto, que los Gobiernos de muchos países deberían tener en cuenta esta situación de la juventud, pues son el futuro del país, con el fin de paliar la creciente frustración de los jóvenes y darles más esperanza en su futuro para así evitar las crecientes protestas y revueltas que ya se han visto en los últimos tiempos en varios países.

LOS SENIORS

Al principio del siglo veinte la esparanza de vida en los países desarrollados era de 45 años; hoy en el 2020, ésta se sitúa en los 80 años y creciendo. En un siglo la esperanza de vida se ha duplicado. Pienso que debemos considerar este fenómeno como un gran triunfo de la humanidad y de la ciencia. Paradójicamente, en la antigüedad y en épocas anteriores al siglo 21 siempre se ha tenido en gran respeto a las personas mayores, salvo excepciones, por su experiencia, por su sabiduría, y por su empatía para comprender y guiar a los más jóvenes. Ahí están los ejemplos de Japón, Corea del Sur, e incluso China donde existen castigos y sanciones para los jóvenes que no respeten o atiendan a sus mayores. Hoy día sin embargo, es chocante y casi vergonzoso observar el poco respeto y la falta de admiración que suscitan nuestros mayores entre las nuevas generaciones de jóvenes, en occidente, imbuidos por una cultura de adoración a la juventud como valor supremo, por unos valores del aquí y ahora, y por una tecnología que lo inunda todo y que está transformando y no precisamente de forma positiva, las relaciones humanas.

Cualquier estadística que escojamos nos demuestra que el grupo de edad que más está creciendo en la mayoría de los países occidentales y en Asia es el de las personas de más de 65 años, el colectivo que más está creciendo, muy por encima de los muy jóvenes, de 0 a 5 años y de los jóvenes de 5 a 15 años, de forma que el grupo de personas mayores de 65 años que hoy representa entre el 15 y el 20% de la población en los países desarrollados, pasará a representar el 30% en el año 2050 y el 40% en el año 2100 al final de este siglo con un total de 2700 millones lo que significará que 1 de cada 3 personas dentro de treinta años, serán personas mayores.

Ante este nuevo escenario de la distribución de la población en el mundo cabe preguntarse cuál es el papel o el rol que tendrán nuestros mayores en la nueva sociedad en las próximas décadas. Podemos intuir sin lugar a dudas, que el puesto que ocuparán los seniors en un futuro próximo será un papel relevante y positivo tanto para la economía, para los jóvenes y para la sociedad en su conjunto. Creemos que una sociedad inteligente y progresista en el futuro, no puede desperdiciar y prescindir de la experiencia, del saber, y de los valores humanos de la gente mayor. Es un activo demasiado valioso para la sociedad y para que los futuros Gobiernos no lo tengan en cuenta.

Desde que Cicerón, año I a.c., escribiese su elogio de la vejez en "De Senectute" donde describe los beneficios y las bondades de ser mayor, siempre y cuando haya una razonable salud física y económica, la historia está llena de ejemplos de personas mayores que han ejercido su profesión y en ocasiones han dado lo mejor de sí mismos a edades muy avanzadas. Por citar algunos casos, en Venecia, los dogos que dirigían la ciudad tenían de edad media 70 años, personajes como Víctor Hugo en Francia fue elegido diputado a los 75 años, Verdi compuso la Traviata, una de sus mejores obras a los 75; Miguel Ángel terminó de pintar la cúpula de San Pedro en Roma a los 80; más recientemente Pablo Picasso todavía seguía pintando a los 90; a Pau Casals le preguntó una vez un periodista porqué seguía ensayando todavía a los 90 años y le contestó para seguir mejorando…

En la actualidad y con las perspectivas de aumento en la esperanza de vida experimentadas en las últimas décadas y de cara al futuro, es lógico suponer que cada vez va haber más personas que rebasada la edad oficial de retiro de los 65 o 70 años, seguirán activas y podrán continuar ofreciendo unos beneficios y un valor a la sociedad.

Como comentamos al principio de este capítulo, el alargamiento de la vida y el aumento del grupo de población de mayores de 65 años van a traer una serie de cambios y unas consecuencias en varios estamentos de la sociedad. Cada vez veremos en los trabajos y en las empresas más diversidad generacional donde un joven de 30 años trabaje junto a uno de 70 años; en los gimnasios cada día es más frecuente encontrar personas de 35 o 40 años al lado de señores de 75 practicando su actividad preferida; es frecuente ver en los parques, en las calles o en los maratones jóvenes de 25 corriendo con hombres de 80 años... en fín, como decía Mark Twain "La edad es una interpretación de la mente sobre la materia, si no te importa, entonces no importa".

Las importantes repercusiones que este cambio y aumento de la esperanza de vida está teniendo ya en la sociedad y en la economía de muchos países se puede observar en el aumento y el cambio en los hábitos de consumo de la 3ª edad; así por ejemplo podemos ver el crecimiento exponencial de las compañías privadas de seguros de salud cuyos principales clientes son los mayores de 65 años; el creciente aumento de clientes de las agencias de viaje y de los tour operadores; el crecimiento de pacientes en los hospitales y clínicas privadas de tratamientos anti-aging y cuidados personales; el aumento del colectivo de cuidadores para personas mayores; la subida en la demanda y el consumo de alimentos y productos "bio"; el crecimiento de las residencias para la 3ª edad; el aumento de altas de autónomos y de empresas registrado en los últimos años en personas de más de 65 años. Todas estas nuevas actividades que antes casi no existían, han sido impulsadas y producidas por muchas personas que han rebasado hace tiempo la edad legal de jubilación, provocando con ellas un aumento de la actividad económica y social de un país y por lo tanto de su riqueza.

"Elogio de la experiencia" es un libro publicado en 2019 y escrito por el periodista escocés Carl Honoré en el que repasa las bondades de llegar a ser mayor e igualmente cuenta las cosas menos agradables, aunque el balance general es claramente positivo. Existe una corriente de pensamiento en nuestra sociedad que es el "Edadismo", que no se limita sólo a lo que piensan los jóvenes de sus mayores, sino que hay otras capas de la población que de algún modo están también impregnadas de esa mentalidad. El Edadismo es un patrón de pensamiento que cree que toda persona mayor de 65 años es una persona vieja y por lo tanto ya no cuenta mucho para la sociedad; se les considera personas amortizadas, lentas, desfasadas, torpes en la era digital...etc...etc.. Esta forma de ver a la gente mayor creemos que tiene los días contados. Es cada vez más notorio y palpable en la vida de todos los días ver personas de 60, 70, 80 años llevando una vida y realizando actividades totalmente normales como si fueran personas de 40, 50, 60 años... como dijo en una ocasión el neurobiólogo portugués Antonio Damasio "los 60 años hoy son los nuevos 40".

Todos tenemos en nuestro entorno familiar o de amistades, personas que han cumplido hace tiempo los 65 años y que continúan en activo desarrollando las actividades más diversas, unos dedicándose a sus hobbies preferidos, otros iniciando una reconversión profesional pues ven que aún tienen futuro, muchos asistiendo a cursos de diversa índole, algunos, incluso iniciando una nueva actividad económica, o haciéndose cargo de alguna institución benéfica o de alguna otra asociación con fines sociales. La mayoría practicando deporte regularmente y planificando el próximo viaje o crucero.

Pero sin querer dar una imagen distorsionada y un tanto idílica de la llamada 3ª edad, no es menos cierto el gran cambio que se ha producido en este segmento de población que hace tan sólo unos años quedaba prácticamente aparcado de la sociedad activa, y que sin embargo hoy día constituyen una fuerza social y económica que impulsan con dinamismo el crecimiento del PIB con sus demandas, su consumo, y sus actividades cada vez más importantes, en la mayoría de los países. Se estima que en 2030 uno de cada 3 puestos de trabajo será creado para esta franja de edad. Los Gobiernos tendrán que tener cada vez más en cuenta este grupo de población al que sin embargo, deberán dedicar más recursos para atender sus demandas en sanidad, pensiones, asistencia social.

TENDENCIAS

Hacia 2050 la población mundial habrá alcanzado los 9.600 millones de personas; 2.000 millones más que en la actualidad según las estimaciones de la ONU. Este incremento vendrá sobre todo de los países de África y Asia donde las tasas de natalidad son especialmente altas, 46 nacimientos por cada 1000 habitantes, mientras que en Europa apenas se llega a 8 nacimientos por cada 1000 habitantes. Al mismo tiempo la tasa de mortalidad más alta se encuentra en los países del Este de Europa (15 por cada 1000 habitantes) y en algunos países africanos. Por otro lado, habrá que tener en cuenta igualmente los movimientos migratorios que, por diversas razones, económicas, políticas, de sanidad o de educación, han movilizado entre los distintos países en los últimos decenios hasta 2019 cerca de 70 millones de personas entre los cuales hay 26 millones de refugiados. Al mismo tiempo, en la actualidad el 55% de la población mundial vive en entornos urbanos y para 2050 se estima que llegará al 70% de la población la que vivirá en las ciudades, principalmente.

Según las proyecciones de la ONU, una de cada tres personas tendrá más de 65 años para el 2050 y en la próxima década el aumento de este grupo de edad será del 46%; al mismo tiempo el aumento de las personas mayores de 80 años pasará de 143 millones en 2019 a 426 millones en 2050. Vamos pues hacia un mundo cada vez más envejecido, al menos en los países desarrollados como Estados Unidos y Europa. El contrapeso lo pondrá África donde el aumento de población en algunos países como Nigeria crecerá más del triple junto con algún país asiático como la India o Indonesia y algún país en Latinoamérica.

Si nos centramos en los países del hemisferio norte se ha dicho en varios foros, por parte de algunos políticos, que de la actual pandemia del Covid-19 saldremos más reforzados, más fuertes y hasta más buenos; permítanme que les diga que no estoy muy de acuerdo con esa apreciación; yo creo que saldremos siendo peores, física y mentalmente, y sobre todo seremos menos (ya van un millón y medio de muertos por la pandemia).

Siguiendo con las estadísticas de la ONU la población mundial está envejeciendo. Si en 1970 la edad media de la población era de 21,5 años, hoy en 2020 es de 31 años. Por continentes, el más envejecido es Europa con una media de 42,5 años, mientras que la edad media en África es de 19,7 años. Por otra parte, la esperanza de vida más baja la concentran algunos países africanos como Lesoto, Sierra Leona, Rep. Centroafricana... mientras que los países con la esperanza de vida más alta son Suiza, Japón y España por este orden.

Por continentes, Europa en 1900 concentraba el 25% de la población mundial; para 2050 tendrá solamente el 7% de la población mundial. Las consecuencias de esta evolución podrían ser dramáticas pues podríamos encontrarnos con un continente europeo saturado de gente mayor cuyo sostenimiento representaría un enorme reto y una ingente carga para muchos de los Estados cuyos sistemas de protección social se verían seriamente comprometidos.

Las causas de la baja natalidad señalada en la mayoría de los países desarrollados son diversas, pero hay tres que a nuestro juicio destacan, como son: las crisis económicas recientes; el miedo que estas circunstancias ha generado en las familias a querer aumentar el número de hijos, y por otro lado, la inmigración que en su día era una fuente del incremento de la población, cada vez las madres inmigrantes se unen más a esta ola de restricción familiar influenciadas por el comportamiento contenido que observan en las madres de los países de acogida.

Todos estos movimientos y comportamientos están produciendo en algunas regiones lo que algunos sociólogos han llamado "las generaciones vacías"; es decir, el hecho de que cada vez nazcan menos hijos en los países desarrollados tiene que ver, no sólo por un efecto imitación un tanto egoísta, o por unos valores esencialmente individualistas donde lo que prima es el individuo frente a la tribu como antaño en las sociedades tradicionales, sino que el problema es que con la bajada tan notable en los índices de natalidad, en pocos años, resulta que no existen suficientes madres y padres que estén en edad de procrear y por lo tanto esto hace que la corriente demográfica se interrumpa.

Las consecuencias de estas circunstancias y acontecimientos acaecidos en las últimas décadas hacen prever que para 2050 unos 23 países especialmente en Europa y Asia tendrán la mitad de la población que tienen actualmente, según lo describen los demógrafos canadienses Darrel Bricker y John Ibbitson en su último libro "El planeta vacío". Esto contrasta con las previsiones más alarmistas sobre la tendencia a la superpoblación en el mundo que algunos autores destacados han pronosticado en el pasado.

CAPÍTULO SEIS

LAS CRISIS

*"En los momentos de crisis sólo la imaginación
es más importante que el conocimiento".*
(Albert Einstein)

A través de la historia se han ido sucediendo diferentes crisis que han moldeado y en ocasiones transformado de manera radical los sistemas, los valores, el pensamiento, y el orden vigente en las sociedades de la época. Cuando hablamos de crisis nos referimos a una época o a una etapa de la historia en la que "lo antiguo no acaba de morir y lo nuevo no termina de nacer" como dice el propio Einstein. Suele ser un periodo donde confluyen y se suceden múltiples cambios en la manera de vivir, en las creencias, en las formas de producir, en la manera de divertirse y hasta en la subversión del orden establecido cuando surge una nueva revolución tecnológica o de las ideas políticas. Las crisis y el cambio suelen ir siempre de la mano y no hay que olvidar que la economía se mueve por ciclos.

Si hacemos un repaso de las diferentes crisis que ha habido en la historia observamos que no todas son iguales, ni tienen las mismas causas, ni producen las mismas consecuencias... Una de las primeras crisis se origina en el siglo XIV (1348) como consecuencia de la peste negra que redujo a la mitad la población del continente europeo de la época; ésta además se vio agravada por las distintas guerras que mantenían los señores feudales a la que se unió unos años de malas cosechas que generaron unas grandes hambrunas en la población.

Con esto queremos decir que las causas de las crisis son producidas a veces por un sólo acontecimiento y en otras ocasiones por la conjunción de varios factores que se dan al mismo tiempo y lugar o a veces en lugares lejanos como en la actualidad, produciendo en general consecuencias desastrosas para los países y su población.

Como decimos, las crisis y las burbujas financieras se llevan repitiendo de una forma más o menos cíclica desde la Edad Media, incluso desde el imperio romano cuyo declive se originó en gran parte por la inmensa deuda acumulada para sostener los numerosos ejércitos que mantenía en diversos territorios. Ya más recientemente, la crisis de los tulipanes de 1637 en Holanda fue una de las primeras burbujas datada que se originó por la subida exponencial del precio de los tulipanes hasta tal punto que en la bolsa de Amsterdam, un tulipán llegó a valer más que una casa.

Todas las burbujas financieras que han acabado convirtiéndose en crisis financieras han repetido el mismo patrón de comportamiento: un bien empieza a subir de precio provocado por la idea de que éste nunca bajará, a esta subida quieren unirse desde inversores, trabajadores, amas de casa... lo que hace que el precio alcance unos niveles completamente irracionales hasta que se producen las primeras ventas y estalla la burbuja; la gente entra en pánico, todo el mundo quiere vender, los precios empiezan a bajar con la misma velocidad que cuando subieron, a veces más rápido, y en esos momentos muchos vendedores no encuentran suficientes compradores de manera que el precio se desploma, todo el mundo quiere vender y finalmente ese bien o activo termina por no valer nada; con lo que mucha gente que compró o se endeudó en la subida, se arruina, se instala una crisis de confianza, los bancos cierran el crédito, la economía se para, se instala el pánico y finalmente se produce lo que conocemos como una crisis económica.

Tal como avanzamos en el capítulo tres, las dos causas más comunes de las crisis se producen por un aumento desbocado de la inflación, y por un crecimiento acelerado de la deuda; en ambos casos el determinante suele ser una expansión indiscriminada y sin rigor del crédito a los consumidores. Este es el modelo que más se repite en la mayoría de las crisis financieras: lo vimos en la gran depresión de 1929 donde la gente pedía préstamos a los bancos para comprar acciones de la bolsa, lo hemos visto recientemente en la crisis de 2008 también cuando los bancos concedían hipotecas por encima del valor de la vivienda con un añadido además para la compra de muebles (!)...

Cuando se producen estas situaciones, en muchos casos provocada por el propio sistema financiero, la gente se instala en un estado de euforia y confianza que dispara el consumo y la demanda de bienes de todo tipo provocando que las acciones de las empresas suban rápidamente y por consiguiente que la bolsa también participe de esa alegría subiendo sin cesar hasta niveles peligrosos. Una de las cosas positivas que las crisis han enseñado a la población es comprender que "todo lo que sube, baja." Pero como decía el economista John Kenneth Galbraith en su libro "breve historia de la euforia económica" … "debe haber pocos ámbitos de la actividad humana en los que la historia cuente tan poco como en el campo de las finanzas"; traducido, la gente tiene una memoria muy corta y olvida rápido, lo que con el tiempo vuelve a provocar una nueva crisis.

BREVE HISTORIA

Hemos dicho que las causas de las crisis económicas suelen ser diversas, unas veces surgen desde dentro del propio sistema económico y otras vienen de fuera y tienen poco que ver con la economía, pero una vez llegan estos acontecimientos externos a la economía pueden afectarla gravemente como estamos viendo con la actual crisis del Covid-19.

A continuación haremos un breve repaso histórico de las principales crisis y burbujas acaecidas en los últimos siglos para ilustrar lo que hemos venido analizando sobre las crisis.

1637 Crisis de los Tulipanes en Holanda

Aunque ya lo hemos mencionado anteriormente esta crisis provocada por el aumento descontrolado del valor de los bulbos de tulipán en Holanda, es un ejemplo palmario de la ambición humana y de hasta dónde puede llegar la irracionalidad de las personas cada vez que se encuentran con un nuevo "el Dorado", se trate de flores, de acciones, o de monedas o de cualquier otro bien que suba de golpe y sin cesar hasta que estalla la burbuja. Este hecho, provocó en pocos meses el hundimiento y la posterior quiebra de la economía holandesa.

1720 Burbuja de los Mares del Sur

En Inglaterra se creó la Compañía de los mares del sur y en Francia la Banque Royale para absorber y comercializar la deuda pública de los dos Estados y de sus empresas; quebraron y arrastraron a toda Europa a una gran recesión.

1873 La primera Gran Recesión

Hubo varias causas que se juntaron; la desmonetización de la plata en Alemania y Estados Unidos; las inversiones especulativas en los ferrocarriles, la guerra franco prusiana, y la crisis financiera en Viena en ese año provocó que la crisis se extendiera por toda Europa.

1929 La Gran Depresión

Es sin duda la mayor crisis, la más larga y la que afectó al mayor número de países en el siglo 20.

La especulación bursátil está en el origen de esta profunda recesión que fue provocada por los grandes margenes y beneficios que se venían obteniendo en la bolsa desde 1925 y que después de cuatro años de intensa especulación se paró en seco el jueves 24 de octubre de 1929, llamado el "jueves negro"; el desplome de los precios se consumó el martes siguiente y el contagio hizo temblar las bolsas de todo el mundo; la recesión se hizo sentir hasta después de la segunda guerra mundial.

1973 La crisis del petróleo

La organización de países exportadores de petróleo (OPEP) cerró el grifo del petróleo a todos los países que habían apoyado a Israel durante su guerra contra Siria y Egipto. Súbitamente los países exportadores subieron el precio del petróleo hasta cuadruplicar su precio; esto llevó a la economía mundial a una profunda recesión que duró tres años.

1997 La crisis financiera Asiática

En aquel año lo que se había llamado "el milagro económico del sudeste asiático" se derrumbó, principalmente por la debilidad de sus monedas frente al dólar; esto afectó a varios países de la zona y posteriormente a toda Asia y a las bolsas mundiales. Fue la primera crisis de la nueva era de la Globalización.

2000 La burbuja puntocom

El nacimiento de las nuevas empresas de Internet y del sector digital atrajo a miles de inversores encandilados por los altos rendimientos que generaban sus acciones creando una burbuja con bases muy débiles, lo que provocó que muchas de estas empresas no dieran los resultados esperados; a partir de ahí empezaron las ventas de esas acciones y la bolsa de Nueva York que cotizaba en el año 2000 a más de 5000 puntos, dos años más tarde se hundió hasta los 1500 puntos… más de 5000 empresas puntocom fueron a la quiebra.

2008 La Gran Recesión, la caída de Lehman Brothers

La especulación con las hipotecas "subprime" realizadas por muchos banqueros sin escrúpulos y las apuestas en los mercados convertidos en verdaderos casinos financieros provocaron que el 15 de septiembre de ese año Lehman Brothers quebrara arrastrando a las bolsas de todo el mundo… se congeló el crédito inicialmente entre los propios bancos y posteriormente a la población con lo que más de treinta países iniciaron una recesión de la que hoy todavía, no han salido totalmente algunos de ellos.

2020 La Depresión por el Covid-19

También podríamos llamarla "El Gran Parón" pues ha significado que el mundo se haya parado de golpe por la invasión de un virus invisible, que ha provocado hasta el momento la mayor recesión desde la anterior en 1929 sin ninguna duda. Es el ejemplo más actual que tenemos y que demuestra que un fenómeno externo que no es económico y que no tiene nada que ver con el funcionamiento normal de la economía, es capaz de afectarla de una forma más contundente que por un elemento interno del sistema. Aunque es posible encontrar vínculos con la economía a través de la Globalización como causa secundaria. Las consecuencias y las secuelas que va a dejar esta pandemia del coronavirus se dejarán sentir durante muchos años. Esperemos que la aplicación de las vacunas certificadas, pronto empiecen a reducir drásticamente los millones de infectados y los miles de muertos en un futuro próximo y así podamos acortar el tiempo de recuperación que necesitan la mayoría de los países.

LAS CAUSAS

Para poder ver con más claridad y poder estimar cuáles serán las consecuencias provocadas por estos fenómenos que desencadenan una crisis económica, hemos visto que los efectos que producen causas tan dispares como la caída de la bolsa o una pandemia por un virus pueden llegar a producir daños y perjuicios similares en la economía.

Al principio se genera una alerta generalizada, poco después se impone la desconfianza entre los diferentes actores económicos, empezando por los bancos, luego entre las empresas, y por último entre las personas. Esa desconfianza inicial se propaga rápidamente al sistema económico y de pronto impide que la economía siga funcionando de manera regular; es decir, los bancos ante la desconfianza dejan de prestar dinero de forma que las empresas que querrían invertir y comprar maquinaria para aumentar su capacidad productiva no pueden hacerlo, entonces la empresa de maquinaria no vende y tiene que despedir algunos trabajadores, esos trabajadores dejan de comprar comida o ropa por lo que las empresas de comida o ropa dejan de vender y tienen que despedir también algunos trabajadores y el círculo vicioso se expande por toda la economía y finalmente se transforma en una recesión económica en toda regla.

Existen otras causas no propiamente económicas sino más bien geopolíticas que exacerban aún más si cabe, la duración y la profundidad de las crisis como es el caso de la reciente guerra comercial desatada entre Estados Unidos y China con la subida de los aranceles y el aumento de barreras de todo tipo que frenan e impiden igualmente el normal flujo de bienes y de tecnología en una economía globalizada. El objetivo es claro, se trata de una cuestión de dominio en el tablero de ajedrez mundial. Por otra parte, la debilidad del dólar a causa de los grandes estímulos recibidos por la Reserva Federal junto con la fortaleza del euro están creando unas distorsiones en los mercados que frenan las exportaciones de Europa y hacen que la recuperación de la zona sea más lenta.

Por último, la bajada del precio de la vivienda y otros activos hace que descienda entre los ciudadanos la sensación de riqueza; así, se sienten un poco más pobres y deciden frenar temporalmente su consumo y su demanda de bienes duraderos como coches, vivienda, ocio etc...

Este descenso de la demanda general, muchas empresas hablan de entre el 50 y el 80% menos de ventas, produce un aumento de los stocks en los almacenes, lo que se traduce en una bajada de precios para intentar vender más y finalmente esto hace que los márgenes y los beneficios de muchas empresas bajen y lleguen a ser insostenibles, provocando el cierre de miles de ellas.

LAS CONSECUENCIAS

La directora del Fondo Monetario Internacional, Gina Gopinath, ha dicho recientemente que el impacto en la caída del PIB mundial que por ahora es del 4,5% no tiene precedentes en la historia económica reciente, ni siquiera en la última crisis financiera del 2008 en la que la caída fue del 0,2%. Esto es lo más parecido a una hecatombe y no tiene precedentes en los tiempos modernos.

Los graves problemas que están afrontando las empresas, los gobiernos y las familias se están viendo reflejadas a diario en la caída del empleo, el cierre de empresas por la falta de ventas y de liquidez, el aumento de la deuda a todos los niveles, especialmente en ciertos sectores como las aerolíneas, el turismo, la hostelería, la energía, el sector financiero etc... aunque prácticamente todos los sectores de la economía se están viendo afectados en mayor o menor medida.

Esta situación está siendo soportada de alguna forma por las medidas de ayuda directa e indirecta por los Gobiernos respectivos; pero el problema es saber ¿cuánto va a durar esta crisis o mejor dicho esta pandemia?... Si se alarga mucho tiempo corremos el riesgo que la munición que están poniendo todos los Estados se agote ya que el nivel de deuda llegaría a ser insoportable. Por eso, como dice la directora del FMI, la solución no la van a dar los economistas ni los Gobiernos sino que tiene que venir, en este caso, de la Sanidad y las vacunas para poder volver a encender los motores del crecimiento.

A pesar de la magnitud de esta crisis lo más impactante es su naturaleza y su rapidez. El escenario que se está dibujando en casi todo el mundo es un escenario de devastación generalizada. Ni tan siquiera en acontecimientos muy desastrosos de nuestra historia moderna como la Guerra civil y la posguerra o la gran depresión han producido una caída del PIB per cápita tan profundo; en esos acontecimientos así como en las dos guerras mundiales se llegó al 8% como máximo. Este año en España se estima que llegaremos a una caída del 12,5% y en Europa del 7% de media. Cada semana de confinamiento significa una caída del 1% del PIB. En los últimos 150 años no se había visto nada igual.

El rápido empobrecimiento de amplias capas de la población no se había visto desde tiempos de las dos guerras anteriores debido principalmente a los despidos masivos que están ocurriendo; entonces, éste deterioro tardaba meses o años en llegar, mientras que actualmente en cuestión de semanas ha golpeado a todo el mundo, especialmente a los trabajos más precarios, temporales y de menor cualificación; aunque no podemos olvidarnos de las sucesivas olas de despidos que estamos viendo en otros sectores como la banca, la industria, o sectores más sofisticados como por ejemplo está ocurriendo en alguna empresa de software y telecomunicaciones.

Además de las severas consecuencias puramente económicas que están soportando las empresas y los demás agentes sociales, es importante resaltar la dureza y la profundidad con la que esta crisis está golpeando a los sectores sociales más desfavorecidos, como los desempleados, las mujeres y los niños de las capas más bajas. Se están volviendo a ver escenas de nuevo como las que hemos visto en las películas de guerra con largas colas en los comedores sociales o para recibir una bolsa de comida; el incremento de la pobreza de los niños que se ha incrementado en España un 40%, el aumento de personas sin hogar viviendo en la calle, o el aumento de los desahucios.

A continuación, analizaremos y haremos un repaso histórico de las medidas que hay que tomar por parte de los Gobiernos principalmente para salir de esta situación, como también se hizo en épocas históricas anteriores.

LA SALIDA

Los dos acontecimientos más graves y desastrosos ocurridos en el siglo anterior fueron las dos guerras mundiales sin lugar a dudas. La gran cantidad de muertes, de destrucción del aparato productivo de los países implicados y las inmensas secuelas que dejaron en la población no tienen parangón en la historia de la humanidad. De ambas se salió con la intervención masiva y decidida de los Gobiernos junto con los ciudadanos mediante planes de reconstrucción como el llamado Plan Marshall.

Aunque la actual crisis no es comparable ni de lejos a los efectos desastrosos que dejaron las dos guerras, en nuestra opinión, pensamos que estamos delante del reto más importante que tiene la humanidad desde hace décadas. Por ello se necesita implementar un nuevo plan Marshall o que los Gobiernos desplieguen un programa de ayudas masivas a los distintos sectores de la sociedad con el fin de paliar los graves problemas que afrontan los agentes sociales y la población, que ayude a salir cuanto antes de la presente crisis.

Efectivamente, tanto la Unión Europea como los EEUU han puesto en marcha sendos programas en los que además de las ayudas directas de los Gobiernos, también están participando los bancos centrales con medidas de relajación monetaria y créditos blandos así como los bancos nacionales de cada país. Sin embargo, aunque este ingente e importante apoyo por parte de los Estados es de todo punto de vista imprescindible, se necesita igualmente y en paralelo la colaboración de la sociedad civil que sea consciente que, sin esa participación comunitaria de las empresas, de los autónomos y de los ciudadanos para que con su esfuerzo podamos salir cuanto antes de esta situación, es muy probable que la crisis se alargue y dure muchos meses más de lo deseado.

En este sentido, en paralelo a las ayudas de los Gobiernos haría falta implementar otras medidas complementarias como un esfuerzo fiscal y un control del gasto más importantes por parte de los Estados y los ciudadanos. Aquí no se trata de buscar quienes son los buenos o los malos o ver quien es el que va a pagar la factura de esta debacle; aquí se trata de colaboración entre todos y que de igual manera que cuando un barco se está hundiendo no pueden remar sólo unos cuantos, sino toda la tripulación, esto hará que el barco al final salga a flote.

Pero para eso hace falta un buen capitán que dirija la nave y como dice el historiador Max Hastings "Los líderes occidentales son increíblemente incompetentes a la hora de explicar situaciones tremendamente complejas a la ciudadanía"; hacen falta líderes con coraje y con calidad de liderazgo.

Algunos líderes atribuyen y hacen responsable de esta situación a la Globalización; es un craso error, cuando es la Globalización la que ha traído los mayores niveles de bienestar y crecimiento en las últimas décadas. Otros dicen que estamos en guerra; ¿contra quien? ¿donde está nuestro enemigo? Esto es una pandemia, una catástrofe sanitaria provocada por un virus llegado por azar, y lo que se necesita son líderes inspiradores como en otras épocas de la historia; líderes como un Churchill, o un Roosevelt que sean un referente y que tengan suficiente coraje para enfrentarnos a la dura realidad y darnos esperanzas de que lo superaremos y de que pronto vendrá un futuro mejor.

Según un estudio reciente publicado por el Deutsche Bank y firmado por su estratega jefe, Jim Read, hemos llegado a una nueva era "La era del desorden". "La historia se compone de ciclos, cada diez años más o menos y según el estudio, hemos llegado a un superciclo, cada 30 o 40 años, que llega después del de la Globalización y que va a traer Desorden e incertidumbre, proteccionismo, guerras frías, mucha deuda, volatilidad en los precios, tecnología por todas partes y lucha de clases y entre generaciones; llevamos años en la transición de un ciclo a otro y el Covid-19 no ha hecho más que acelerar este paso a una nueva era del desorden".

Esperemos que como ocurrió en la segunda guerra mundial surja un nuevo líder o nuevos líderes como un Churchill que vengan a rescatarnos de este tremendo desastre. El problema es que esta clase de líderes, sólo nace uno al menos cada 100 años. No perdamos la esperanza.

CONCLUSIÓN

"REINVENTARSE"

"Es una locura hacer lo mismo una y otra vez y esperar obtener resultados diferentes".
(Einstein)

Hemos visto a través de los distintos capítulos cómo están cambiando la Globalización, el trabajo, la economía, la política, la demografía y cómo están afectando estos cambios a nuestras vidas y a las de nuestros hijos hoy y en un futuro próximo. Esta no es una crisis más; lo que estamos viviendo con la pandemia del coronavirus y con los profundos efectos y las tremendas consecuencias negativas que va a dejar en nuestras vidas y en nuestras sociedades, podemos decir, que lo que nos ha tocado vivir es lo más parecido a una revolución que va a transformar de forma permanente nuestro modelo económico-social y de vida. Es un cambio de paradigma donde nada es estable, donde sólo será permanente el Cambio.

A través de la historia ha habido otras pandemias, otras crisis y otros desastres; sin embargo, pensamos que nunca han sido tan globales y tan frecuentes. Este acontecimiento es típico de este siglo, debido precisamente al fenómeno de la Globalización y la expansión de la tecnología. Si algo está diferenciando este siglo de los anteriores en la historia es por la multiplicación de las crisis económicas y climáticas, y además con una característica que las distingue, y es que cada vez se suceden con más frecuencia y también con más rapidez.

Para este nuevo escenario de fenómenos y acontecimientos no estábamos suficientemente preparados; en realidad, la llegada de muchos de estos eventos nos ha cogido a la mayoría, en pañales, como decimos coloquialmente. Por ello la intención de este libro ha sido intentar poner un poco de luz y claridad en lo que está ocurriendo, y también dar algunas pautas y alguna guía para entender mejor esta gran ola que nos ha venido y que nos ha desconcertado a todos.

Las crisis y los grandes desastres provocan un gran dolor y un gran padecimiento en la población, aunque algunas personas y también algunos países saben mirarlos de una manera diferente, incluso a veces, más positiva, pues después de la oscuridad suele aparecer la luz.

La historia nos proporciona algunos ejemplos de hombres relevantes como mencionamos en el capítulo sobre el trabajo que supieron reconvertirse e iniciar un camino o una profesión totalmente diferente a la que habían venido desempeñando hasta entonces; ahí están los ejemplos de Blas Pascal que teniendo una prometedora carrera como científico y a causa de un grave accidente decide cambiar de rumbo y dedicarse por completo a la filosofía. O el caso mencionado anteriormente de Emmauel Kant quien después de ejercer la abogacía acabó siendo uno de los filósofos más importantes de la historia del pensamiento. O del novelista Fiodor Dostoievski que abandonó la carrera militar para dedicarse a lo que más le gustaba, escribir; dejando alguna de las obras más representativas de la literatura contemporánea. O el ya citado Paul Gauguin quien, habiendo ejercido durante años como bróker de la bolsa, cambió ciento ochenta grados de rumbo y se convirtió en uno de los pintores impresionistas más importantes del siglo pasado.

Miremos lo que ha hecho China; en chino, la palabra crisis tiene dos significados a la vez:

"Problema y Oportunidad". Si observamos con detenimiento la manera cómo han resuelto esta crisis, que ellos mismos iniciaron, ¡es verdaderamente sorprendente!, de un lado, han conseguido controlar la pandemia en un tiempo récord y con un número muy bajo de muertes, y por otro lado, son los primeros que se han subido al carro de la recuperación económica, no hay más que ver las tasas de crecimiento que están registrando, mientras en Europa y Estados Unidos estamos registrando tasas de crecimiento negativas y con previsiones muy sombrías para los dos o tres próximos años. ¿Querrá decir eso que los chinos han entendido y han gestionado mejor esta crisis, al tener esa palabra bien interiorizada en su vocabulario y habrán sabido escoger el segundo significado? Es decir, el que quiere decir "Oportunidad"... Los hechos parecen demostrarlo hasta ahora.

Como otras veces a través de la historia, siempre ha habido personas y países que han sabido sacar ventaja de esta clase de acontecimientos, bien sea a través de la fuerza para conquistar otros territorios, bien a través de nuevas invenciones que otorgan una ventaja competitiva sobre los otros, como la invención de la pólvora por los chinos hace siglos, o la invención de la máquina de vapor más recientemente, o el nacimiento de Internet en nuestros días.

La observación con detalle de la historia nos debiera llevar a una reflexión personal y de país, en el sentido de tomarnos un tiempo de calma y reflexión para analizar y encontrar los puntos fuertes y los puntos débiles que tenemos, como personas y como país.

Se dice que las buenas decisiones surgen del buen pensamiento y la calma. Este tiempo que nos otorguemos de meditación y pausa no será un tiempo baldío ya que puede ayudarnos a encontrar tal vez más rápidamente las mejores soluciones y las políticas más apropiadas para la época que estamos viviendo.

Me gustaría concluir este libro con un mensaje de esperanza citando a Stephen Hawking en su libro "Breves respuestas a las Grandes preguntas" cuando dice "La inteligencia se caracteriza por la capacidad de adaptarse a los cambios. La inteligencia humana es el resultado de muchas generaciones de selección natural, de aquellos con la capacidad de adaptarse a circunstancias cambiantes. No debemos temer el Cambio. Tenemos que hacer que funcione a nuestro favor". Suerte.

¡GRACIAS!

Gracias por el tiempo que le has dedicado a leer «Tiempos inciertos. El gran cambio». Si te gustó este libro y lo has encontrado útil te estaré muy agradecido si dejas tu opinión en Amazon. Me ayudará a seguir escribiendo. Tu apoyo es muy importante. Leo todas las opiniones e intento dar un feedback para hacer este libro mejor.

Si quieres contactar conmigo aquí tienes mi email:

jferrermolina@gmail.com

¡Gracias por tu interés!

www.ingramcontent.com/pod-product-compliance
Lightning Source LLC
Chambersburg PA
CBHW031920240526
45464CB00021B/612